1
楚汉争霸

方寄傲 编著

浙江工商大学出版社
·杭州·

图书在版编目（CIP）数据

汉史 / 方寄傲编著 . —杭州：浙江工商大学出版社，2022.1（2024.1 重印）

（有料更有趣的朝代史 / 胡岳雷主编）

ISBN 978-7-5178-4397-9

Ⅰ . ①汉… Ⅱ . ①方… Ⅲ . ①中国历史—汉代—通俗读物 Ⅳ . ① K234.09

中国版本图书馆 CIP 数据核字（2021）第 054706 号

汉 史
HAN SHI

方寄傲 编著

责任编辑	张晶晶
责任校对	熊静文
封面设计	吕丽梅
责任印制	包建辉
出版发行	浙江工商大学出版社 （杭州市教工路 198 号　邮政编码 310012） （E-mail: zjgsupress@163.com） （网址：http://www.zjgsupress.com） 电话：0571-88904980，88831806（传真）
排　　版	北京东方视点数据技术有限公司
印　　刷	唐山富达印务有限公司
开　　本	787mm×1092mm　1/32
印　　张	28
字　　数	725 千
版 印 次	2022 年 1 月第 1 版　2024 年 1 月第 3 次印刷
书　　号	ISBN 978-7-5178-4397-9
定　　价	198.00 元（全四册）

版权所有　侵权必究

如发现印装质量问题，影响阅读，请和营销与发行中心联系

联系电话　0571-88904970

前 言

人是推动历史发展的动力，以人为本，历史才有意义。每个历史人物身上都有很多可以评说的生动故事，这些故事组成了丰富多彩的历史。有位西方历史学家说过："所有的历史都是思想史。"他觉得，只有透过历史事件，分析事件背后所隐含的思想，才能了解历史。我们选取中国历史上最有影响的几个朝代，如汉朝、宋朝、明朝、清朝等进行解读，深入到历史事件内部，用现代的视野，以故事说人物，以人物说历史，以历史说人性，用全新的观点、现代的语言、诙谐的文字，将这些朝代中的人和事真实地展现在读者的面前，以期帮助读者真正地了解历史，并以史为鉴指导未来。

汉朝是中国历史上最辉煌的朝代之一。公元前206年，刘邦建立汉朝。汉朝自建立之初，就被刘邦的一曲《大风歌》激出了它狂狷的气质。虽初始无为安养，亦未能耐得住中原的寂寞，在武帝的激情当中，实现了金戈铁马、觥筹交错的旷世风流。而汉朝的雄风所鼓动起的，不只是汉代人的气度，更有后代人的狂想。

风过咸阳，吹起了秦宫白色的绫罗纱帘，卷落了秦王朝历史的最后书简，拉开了汉朝四百多年的序幕。兵刃碰撞的声音似乎犹在耳边，乱世之中必然有人陨落，然而纵使陈胜有鸿鹄之志、项羽力拔山兮，亦未能成为这乱世的胜者，落得个陨落的下场；乱世之中亦有人称王，刘邦看似幸运，实则步步为营，最终赢得了天下。

风过汉宫，吹开了长乐大殿的门扉，几近推到了长安城的宫墙——治国平天下的言论流泻而出，征西闯北的轻骑从长安城的大门踢踏而过。刘邦、刘恒、刘彻、王莽、刘秀，张良、萧何、陈平、贾谊、窦婴、曹参、董仲舒、霍光、韩信、李广、卫青、霍去病、周亚夫、李陵、司马迁、张骞、班超，这些名字似乎成了明君和能臣的代称，后世几乎无出其右。

而在汉阙深宫里，也藏了无尽的悲欢离合。吕后的深思尚未结束，已然化作宫墙上沉静的驳影；窦氏深谋远虑，依然抵不过时间的打磨；卫子夫的柔软身姿已无法舞动，武帝的目光却永远也落不到金屋角落里的娇娘。

风过塞外，卷起无边无际的落日狂沙。"犯强汉者，虽远必诛"，只此一句，即可见当时汉室的奔放气焰。"匈奴未灭，何以家为"，霍去病喊出了他永世不灭的辉煌，也道出了大汉千年的战绩神话。英雄豪杰、功臣武将横空出世，一度把马蹄声带进了亚洲的荒漠，震动了欧洲的边陲，用血汗和辛劳书写了一部瑰丽的青史。

风过简史上的丹青，沥干了过往的人事，无论喜与悲、是与非，只留下深刻的字迹让人琢磨。不过，汉风悄然止步，但凛冽的大漠狼烟似乎仍缥缈于时空中，不肯遁迹；那开疆拓土、东镇卫氏朝鲜、征伐西域、南安百越、北捣匈奴的情景犹然喧嚣。这就是不甘寂寞的汉朝历史，在千年之后，依然想要向世人展现自己的风姿。

书写一部历史，不是为了向世人展现往昔的人情世故，叫人为往者感叹踌躇，而是为了与历史的人物身影交错，携手同游，共经盛世兴衰的波澜，体味人生的豪迈与遗憾，捕捉人性中的善与恶。《有料更有趣的朝代史·汉史》正是这样的一部书。

本书以人性解史，以趣味说史，一反传统西汉、东汉两分的写法，将整个大汉朝四百多年的历史分为"楚汉争霸""汉武雄风""群雄逐鹿""东汉兴亡"四卷，从秦朝末期的群雄并起夺天下写起，全新解读这个中国历史上最富气度的朝代。本书尽量避免枯燥乏味的叙述方式，在尊重史实的基础上，以幽默风趣却不乏智慧的语言，调侃轻松却不失庄重的语调，讲述中国两千多年前的历史，并试图从历史事件背后，去深度挖掘历史人物内在的真实情感，用历史事件来展现人性的复杂和诡秘，透过历史的迷雾，解构历史中的人物，以人性洞察历史，还原历史的真相。

目 录

第一章 风雨秦末，群雄并起夺天下

  风雨大泽乡 _ 003

  无赖折花枝 _ 008

  "承天景命"斩白蛇 _ 011

  项羽豪言，少年即有壮志 _ 015

第二章 时无英雄，竖子也能成名

  无意间壮大的势力 _ 021

  矢志报仇张子房 _ 025

  楚王得立 _ 028

  大秦的最后一根稻草 _ 031

  死要面子活受罪 _ 035

  项梁殒命 _ 039

第三章 谁的江山，马蹄声凌乱

  情谊无价 _ 045

  怒杀宋义，项羽重夺兵权 _ 049

  巨鹿一战成名 _ 052

  章邯战败，胡亥难坐江山 _ 056

  指鹿为马，二世而亡 _ 059

  盲目打江山，遭遇山大王 _ 063

郦食其的犀利分析 _ 066

第四章　楚霸王与汉中王

大破咸阳城 _ 073
先入关者能称王 _ 077
鸿门宴，安能吃得稳 _ 082
楚霸王分封天下 _ 087
美男子巧赚楚霸王 _ 091

第五章　汉得大将，楚失人心

韩信的悲喜前半生 _ 097
萧何月下追韩信 _ 101
往日恩，今日怨 _ 106
明修栈道，暗度陈仓 _ 110
弑义帝天下寒心 _ 115
封金归汉第一人 _ 118

第六章　乌江歌起道离别

逃命的极致 _ 125
背水一战破陈馀 _ 129
倒霉的范亚父 _ 133
霹雳手段夺帅印 _ 136
大势已去 _ 140
虞兮虞兮奈若何 _ 144
又一个轮回 _ 149

第七章　开国难，白登首度遭难

西北啸天狼 _ 155
刘邦失算，被困白登山 _ 159

拉亲带故，和亲才能挽回面子 _ 163

第八章　江山自做主，剪除异姓王

太子的废立风波 _ 169

狡兔死走狗烹 _ 173

猛将彭越身死名辱 _ 177

战火再次燃起 _ 181

手足反目，卢绾身亡 _ 186

第九章　生前身后事

大风起兮云飞扬 _ 193

陈平掉泪全身而退 _ 196

俏戚姬惨变人彘 _ 200

鞠躬尽瘁萧何瞑目 _ 205

曹参无为而治 _ 210

第一章

风雨秦末,群雄并起夺天下

风雨大泽乡

峰峦如聚,波涛如怒,
山河表里潼关路。
望西都,意踌躇。
伤心秦汉经行处,宫阙万间都做了土。
兴,百姓苦。亡,百姓苦。

——元·张养浩《山坡羊·潼关怀古》

此曲一语中的,道破了秦国由盛转衰、民不聊生之景,真可谓国家兴百姓苦,国家亡也百姓苦。

公元前210年,五十岁的始皇帝嬴政第五次大巡游,到会稽祭奠大禹,在返回咸阳的归途中,身染重病,同年七月病死于沙丘。

始皇帝死后,皇十八子嬴胡亥在赵高和李斯的帮助下,假下诏书害死了皇长子扶苏,登上了秦国皇帝的宝座,史称秦二世。在秦二世倒行逆施、奸相赵高专权祸国的情况下,一场反抗暴秦、逐鹿天下的惨烈战争拉开了帷幕,江山之争的大戏悄然上演。

历史的画卷首先在大泽乡展开。大泽乡,是中国历史的一个转折地。本来,此驿站不过是今安徽省宿州市南蕲县的一个小村庄,然而,历史往往喜欢发生在那些不为人知的地方。

秦二世元年(公元前209年),秦王朝从泗水郡征调九百壮丁到渔阳（今北京密云西南）做戍卒。谁知这队人马行到大泽乡时，被忽然降下的暴雨拦住了去路，只能在此处停留。

在秦朝，征调壮丁有规定抵达的最后期限，若不能如期抵达，就是犯了失期之罪，有官职的要罚缴纳盔甲，贫民要被处死。如今暴雨拦路，想准时抵达渔阳是不可能了。到了那里也只有死路一条——为什么千里迢迢去送死呢？

"不如造反！"这是陈胜心里的想法。

陈胜也是这九百壮丁之一，他被两个负责押送的将尉选为屯长，另外一个屯长名为吴广。陈胜、吴广两人都是泗水郡人，祖祖辈辈都是农民。

"这事能成吗？万一失败了怎么办？"大雨浇在脚边的水坑里，一个个细小的水花瞬间生灭，看得人绝望而又无力。陈胜知道，再这样下去，自己的意志会被消磨干净，于是咬了咬牙，转身去找吴广。陈胜在心中琢磨，吴广应该会相信自己而且还会支持自己的做法的。

陈胜没有看错吴广，吴广也知道继续走向渔阳只是死路一条，而造反说不定真的能够杀出一条血路！就这样，陈胜、吴广两人的手紧紧地握在了一起，看向彼此的眼睛也露出了笑意。不过过了一会儿，吴广又有些犹豫。陈胜看出了情况，为他分析道："天下人受暴秦统治之苦已经太久了，心怀不满想造反的人绝不仅仅是你我二人。只要咱们找个好的借口，还怕没人响应吗？现在的二世皇帝胡亥不是长子，不该继承皇位，当皇帝的应该是公子扶苏。扶苏因为屡屡进谏，始皇帝不爱听，把他派到塞外带兵。我听说，现在的二世皇帝已经找借口把扶苏害死了。老百姓都知道扶苏是好人，没几个人知道他已经死了。还有原来楚国的项燕，是个极受楚人爱戴的名将。当年楚国被秦国灭亡的时候，有人说他被杀了，有人说他逃掉了。我们可以利用这两个人的名气起义反秦，对外说是他们的队伍，肯定有很多人跟随我们！"

当然，这都是以后的事。眼下最重要的是，如何让这九百壮丁跟着他们一起造反。陈、吴两人找到了当地的算命先生，算命先生不是常人，一开始就知道了两人的来意，于是按照程序捣鼓了一通，煞有介事地说："你们两位要干的事肯定都能成，不仅能成，而且还能立大功。不过，你们要做的事，是不是应该求鬼神帮忙？"

陈胜、吴广恍然大悟，于是扔下卦金回去了。

在为众戍卒置备晚餐时，陈胜和吴广捉了不少鱼，后者偷偷地在鱼腹中塞进写有"陈胜王"的布条。这个"王"字读四声，是称王的意思。"陈胜王"就是陈胜将会称王。众戍卒吃鱼时发现了布条，个个心惊胆战，不知如何是好。"难道陈胜和我们不一样，不是凡人吗？"众人暗暗地想。

接着，吴广又在夜里学起了狐狸的叫声。

"嗷嗷嗷呜……"诡异的狐鸣声惊醒了静谧的夜空！

"嗷嗷呜……大楚兴……呜……陈胜王……呜呜……"

声音阴不阴，阳不阳，人不人，鬼不鬼。戍卒们饥寒交迫，又担心"失期"被斩，正搓着咕咕直叫的肚子在草席上辗转反侧，骤然听到这鬼哭狼嚎的叫声，顿时毛骨悚然。

"陈胜王？"这声音里有"陈胜"？而在前几天他们吃鱼的时候还在鱼肚中发现了写有"陈胜王"字样的布条，莫非……？黑漆漆的夜里，大家都将目光投向陈胜，但谁都没出声，各自盘算着直到天明。

如今，所有人的注意力都集中到陈胜的身上，吴广的计策成功了！

押送这支队伍的两个将尉好酒，加上遇雨失期，眼看要破财，难免借酒浇愁。这一天，两个人喝醉了，走路都打晃。陈胜一瞧，冲吴广使了个眼色。吴广心领神会，故意在将尉面前唉声叹气，总说要逃跑。将尉一听气坏了，顿时恼羞成怒，一把摁倒吴广，抄起鞭子直接向吴广的脊背抽了过去。

吴广平时对戍卒们特别关照，不摆架子，办实事，所以他在众人心中的声望比陈胜要高，很受爱戴。现在看见吴广挨打，戍卒们很生气，情绪很激动，不少人围拢过来要阻止将尉打人。

一个将尉看情形不对，连忙把剑拔出来了，一边喝骂，一边摇晃手中的剑。他酒喝多了，剑拿得不稳。趴在地上挨打的吴广瞅了个空子，突然挺身而起，伸手把剑夺过来，顺势向前刺去，只听"噗"的一声，一剑把还在发呆的将尉刺中了。

将尉惨叫一声倒在地上，眼看活不成了。另外那名将尉大惊失色，吓得酒也醒了，拔剑去杀吴广。此时陈胜顺手抄起根劈柴，跟吴广眨眼的工夫就把第二名将尉杀了。两名将尉殷红的血流了一地，血腥味迅速弥漫。戍卒们的心情阴晴不定，精神亢奋，个个咬牙瞪眼。

陈胜稳了稳心神，把所有戍卒都召集在一起，提着滴血的剑高声说道："你们现在都是犯了失期之罪的现行犯，都是要掉脑袋的。就算不砍头，到了渔阳，修长城、跟匈奴人打仗，十之六七还是得把命丢在那。反正没活路了，咱们何不起来造反，轰轰烈烈地死呢？何况造反还不一定死，王侯将相也不是生下来就是富贵的！"众人一想，日期也误了，官兵也被杀了，反吧！

于是，陈胜自立为将军，吴广任都尉，打出大楚旗号，起义反秦，迅速攻占了大泽乡、蕲县、铚县、酂县、苦县、柘县、谯县，继而占领陈县（今河南淮阳）。在陈县，陈胜自立为王，定国号为"张楚"。

秦朝大一统之后，第一个举起反秦大旗的势力就此宣告诞生。

张楚政权建立后，吴广奉命攻打秦国重镇荥阳，久攻不下，陈胜又派周文率军绕过荥阳进攻咸阳。周文军打到距咸阳仅有百里的戏（今陕西临潼东北，戏水西岸）。秦朝连忙命少府（官名，为九卿之一）章邯率领由骊山刑徒组成军队迎击。结果，周文军一触即溃，周文绝望之下自刎。这一来，围攻荥阳的吴广军就暴露在章邯军的刀锋之下。

吴广手下的田臧打算分兵迎敌，他认为吴广骄傲，不懂兵法，不会采纳自己的迎敌计划，于是假王令把吴广杀死，提着吴广的头向陈胜请罪。吴广对陈胜有拥立之大功，现在身首异处，凶手就在眼前，陈胜非但没降罪，还赐给田臧楚国令尹（官名，是楚国在春秋战国时代的最高官衔，是掌握政治事务、发号施令的最高官）之印，拜为上将。眼高手低的田臧率领精兵在荥阳以西的敖仓（秦朝重要粮仓，在今河南荥阳东北敖山）迎战秦军，在战场上被秦军射杀，张楚军四散奔逃，秦军兵临陈县。

秦二世二年（公元前208年），陈胜在章邯的进攻下战败而逃，在逃亡的路上被车夫庄贾谋害。

陈胜的败亡，与其人得意忘形以致众叛亲离有直接关系。

陈胜、吴广两人的行为对于中国历史而言异常重要。两人首倡反秦，打了秦朝一个措手不及。虽然两人最终死于非命，但全国各地有野心的人们通过这次起义惊讶地发现：秦王朝原来没有想象中的那么强大。也因此，各路英雄逐鹿而起，纷纷加入了轰轰烈烈的反秦事业。刘邦，项羽，为人所熟知的当时两大人物，也就是在此时走上历史舞台。

无赖折花枝

汉高祖刘邦是一位传奇帝王。对于刘邦的出生,史书的记载不免充满神话色彩。

司马迁在《史记·高祖本纪》中这样记载:

高祖,沛丰邑中阳里(今江苏徐州丰县)人,姓刘氏,字季。父曰太公,母曰刘媪。其先刘媪尝息大泽之陂,梦与神遇。是时雷电晦冥,太公往视,则见蛟龙于其上。已而有身,遂产高祖。

东汉的班固在《汉书》中的记载与《史记》基本相同,但是用词大有深意:

高祖,沛丰邑中阳里人也,姓刘氏。母媪尝息大泽之陂,梦与神遇。是时雷电晦冥,父太公往视,则见蛟龙于上。已而有娠,遂产高祖。

纵观史书记载的历代君主,其母受孕的过程大多带有点神话色彩,有的看见彩虹而怀孕,有的吃了神鸟蛋而怀孕,有的梦见红日入怀而怀孕,千奇百怪,可是记载说母亲跟蛟龙行周公之礼而怀孕的,独刘邦一个。

于是后人便有种种揣测,认为刘邦很有可能是其母红杏出墙而与外人私通所生。

刘邦也确实不像是刘家的人。刘邦的两个哥哥长大后,就帮着家里劳作,为养家糊口而终日辛劳,尤其是二哥刘仲,干活是一把好手,为刘家改善经济条件出了不少力。可是刘邦自幼顽劣,念书的时候就经常逃学,长大了更是游手好闲,也不懂给家里挣钱。不仅不赚钱,刘邦还爱交朋友,有了钱就同一群朋友吃喝玩乐花个精光。刘邦因为不求上进没少挨父亲刘太公的骂。然而骂是没用的,怎么骂,刘邦也不肯干农活。没办法,刘太公凭着自己人面熟、交际广,花了点银子,让刘邦当上了沛县泗水亭的亭长。

亭长的官职其实不大。当时,十里为一亭,设一个亭长,一里有百十户人家,一亭之长就相当于今天管理千八百户人家的村长或者街道办事处主任。十亭为一乡,乡再往上是县,县之上是当时行政区划的最高级别——郡。亭长属于芝麻绿豆大的小吏,主管治安警卫,兼管检查停留旅客,治理民事。

人们常说:好汉无好妻,赖汉守花枝。以刘邦的家世和生活作风,可以说在家乡他是臭名远扬,哪个好人家也不愿把闺女往刘邦这个火坑里送。所以,一直到四十多岁,好歹也算是个亭长的刘邦尽管与三个女人都有来往,却没娶妻,是个名副其实的光棍汉。

没人给刘邦说媒,刘太公也不张罗,刘邦本人倒也不着急。

却说这一天,沛县来了位贵客。此人姓吕,与沛县县令有来往,因为与人结仇,为了避祸而举家迁到沛县。

于是,沛县县令大摆筵席为吕公接风洗尘。很多人慕名而来。筵席可不是白吃的,给县令大人的朋友接风洗尘,怎么能空手而来?于是乎,有带土特产的,有送钱的。

这么多人来捧场,得有人接待,不能乱了。接待宾客的工作就被县令交给沛县功曹萧何了。功曹就是郡守、县令的秘书,专门辅佐郡守、县令工作。萧何作为县令的首席秘书,自然领会领导的意图,当即传令:送礼不满一千钱的,不许上堂跟大人和贵客坐主席,全部在堂下就座!

就在这时候,刘邦得到消息跑来蹭饭吃了。到了门口,刘邦抹了抹口水,抬腿就往里走。守门的跟刘邦认识,知道刘邦一文钱余财都没有，准是空手而来，立即拦住他："哎，刘亭长，等等！功曹吩咐了，贺钱一千以上的堂上就座，一千以下的坐堂下。你准没带钱，往这边请吧。"

刘邦一听，心想：这正是与贵人结交的机会，我怎么能坐到下边去！于是，他冲把门的一努嘴，意思是让后者把自己名字添上，他刘邦会付贺钱一万！

守门的嘴都合不上了。一万钱？刘邦怎么可能有这么多钱？但是刘邦执意让他写账，他也只好从命，写好礼帖，高声喊："泗水亭长刘季，贺钱万！"

这一嗓子不要紧，把正在跟大家聊天的吕公给惊动了：他与此人从未谋面，对方一出手就拿一万，究竟是谁这么有钱？他连忙站起身赶到门口迎接刘邦的大驾。

到了门口，吕公细一打量，只见眼前站着一个大眼睛、高鼻梁的美髯公，长得真是人见人爱，经人介绍知道正是刘邦，当即拉着刘邦到堂上的上座就座。

喝着酒，吃着菜，刘邦与吕公高谈阔论。其间，吕公也得知刘邦根本没拿一文钱。可是老头儿偏就喜欢刘邦天不怕、地不怕的劲头，越看刘邦越喜欢，用眼神示意刘邦：一会酒筵散了你别走，我有话跟你说。刘邦心领神会，吃饱喝足之后留了下来。

这时，宾客已经散尽，吕公语气异常和蔼地跟刘邦拉起了家常，得知刘邦尚未娶妻。吕公大喜，立即说："我年轻的时候喜欢给人相面。我相看过的人多了去了，没一个比得上你的。我有个女儿，也到了谈婚论嫁的年纪，我愿意把她许配给你。"吕公有钱有势，刘邦做梦都没想到自己能攀上这样一门婚事，自然是百般愿意。刘邦和吕雉的婚事就这么定下，择了吉日拜堂成亲。没两年，刘邦添了一儿一女，起名叫刘盈、刘乐。

"承天景命"斩白蛇

婚后的泗水亭长刘邦终于享受到了属于自己的家庭温暖。然而,官场上有句话:当差不自在,自在不当差。领国家的俸禄,也不可能总吃闲饭。这一天,任务来了:奉朝廷旨意,沛县解送咸阳给秦始皇修骊山陵的刑徒凑齐了,要求刘邦负责此次押送任务。

刘邦押着刑徒们启程之后,一路上刑徒们逮住机会就开溜,没走出多远,人跑得差不多了。刘邦暗自琢磨:看这阵势,等到了咸阳,就剩我一个人了,安能得好?看来我这个亭长当到头了,也得逃命了。

逃,也得会逃。像之前逃走的那些苦役,单打独斗,一个人没法生存,十有八九还得被抓住。要跑就得多带几个人,拉起一支队伍,找个地形有利的山头做山贼。于是,刘邦眼珠一转,计上心来。

这一天晚上,在大泽西,也就是今天的江苏丰县西,刘邦买了酒菜,把剩下的几十人召集到一起聚餐。酒过三巡,菜过五味,刘邦站起身来讲道:"各位壮士,这一路上不少人都跑了,也就你们够义气,没撇下我一个人。人已经跑了不少,就算带着你们到了咸阳,咱们也都没好日子过。既然如此,咱们干脆就在这告别吧,你们都赶紧跑,我也得逃命去了。"刘邦一发话,大家纷纷逃命,只剩下十多个人愿意追随刘邦。刘邦对这十几个人热情笼络,添了酒菜继续喝,酒足饭饱之后连夜赶路，寻找安身之所。

此刻，因为对道路不熟，刘邦派出一个人探路，自己则倚着石头，一边醒酒一边等消息。

正在此时，探路的人慌慌张张跑了回来报告说："前边行不得了。我去探路，看见有一条蟒蛇横在路上，这么老粗，好几丈长，要不是我发现得早，就被它一口吞了。咱们换条道走吧！"

听探路的人一番描述，众人心里也怯了，都劝刘邦调头另找道路

有道是酒壮怂人胆。刘邦的胆子说小不小，可也没多大。要在平时，听说前边有巨蟒拦路，刘邦早就避得远远的。可此时借着酒劲，刘邦胆子大了许多："没出息！堂堂男子汉，还能被一条蛇挡住？看我的！"

说完，刘邦"锵"的一声拔出佩剑，迈着歪歪斜斜的步伐冲了出去。没走多远，果然有一条大蟒横在路上，大概是刚吃饱，正在消化。刘邦没给蟒蛇任何的机会，一时间也顾不上找蛇头，举起宝剑向蛇身用力一砍，巨蟒当即被砍为两截。这就是史书上记载的的"高祖斩白蛇"。

在刘邦带着队伍躲进芒砀山做山贼的日子里，山外的世界变得越发精彩。

公元前209年，陈胜、吴广在大泽乡举起了反旗。

有时候，当第一未必是好事。枪打出头鸟，出头的椽子先烂。陈胜、吴广走投无路只好率先起义，最终也被率先剿灭。但是，这场起义给山大王刘邦的命运带来了转机。

陈胜、吴广起义后，接连攻城拔寨，在陈县树起了王旗。附近郡县"苦秦久矣"，纷纷杀官造反，响应陈胜。起义势头如火如荼。辖区就在张楚政权边上的沛县县令心慌了。

集结战士抵抗张楚？作为区区一个县令，别说要兵没兵，就算募集了一批乡勇，兵器都凑不齐。尽忠报国？千古艰难唯一死，县令可

没打算为大秦搭上自己的性命。思来想去，县令认为还是应该举沛县向陈胜投降，先熬过这一关再说。

投降也不是县令一个人说了算。别看他在沛县官最大，手下要都不同意投降，他也降不成。因此，县令把功曹萧何和管刑事的曹参找来。这两个人在县里都是说得上话、很得人心的。县令首先发表了一通"为使本县免于战乱之苦携沛县投降"的高调开场白，然后很民主地征求萧何、曹参的意见。

萧何比较重义气，他早就知道刘邦跑到山里当山贼的事，有心趁这个机会把刘邦找回来。于是，萧何上前拱手施礼，慢条斯理地对县令说："大人，沛县这么大点地方，不够人家一口吃的，抵抗肯定是抵抗不了，归附也肯定得归附。但是大人，您是朝廷任命的官员，如今要是由您来带这个头，带着沛县子弟归附张楚，恐怕大家不能信任您。我建议您把本县逃亡在外的人找回来，组成一支队伍，估计人数能有数百人。咱们用这群人作为震慑力量，不怕大家不听您的。"曹参一向唯萧何马首是瞻，立即发言表示赞成萧何的意见。

县令想了想，觉得有道理，当即采纳。萧何与刘邦一直有联系，联络员就是樊哙。樊哙本来是个卖狗肉的，跟刘邦是莫逆之交，后来跟着刘邦一起在芒砀山当山贼，时常往返于沛县和芒砀山之间。萧何火速找到樊哙，让他赶紧请刘邦带人来接管沛县。刘邦得到消息激动得热泪盈眶，谁想到这种好事居然就落到他头上了！刘邦赶紧把手下聚拢起来，直奔沛县。

再说沛县这边，樊哙刚走，沛县县令再一寻思：不对！刘邦来了能听我的吗？刘邦要是不听我的，我可是什么办法都没有啊！大秦连六国都灭了，小小张楚能成什么气候？朝廷大军一到，张楚顷刻败亡，投降张楚不是找死吗？左思右想之下，还是觉得不能反！

于是县令便下令城门紧闭，不放刘邦进城，还命人把萧何、曹参抓起来，准备杀了两人。萧何、曹参非常机灵，见事情不妙早就溜出城去投奔刘邦了。

刘邦带着人马来到沛县一瞧,城门紧闭,自己这点人想攻城那是不可能了,还是攻心吧。在萧何的参谋下,刘邦写好书信,让弓箭手射上城头。信中如是写道:

父老乡亲们,天下人饱受暴秦役使,早就不堪其苦。现在陈胜已经造反了,你们还敢帮县令守城?你们不知道陈胜的队伍遇到抵抗不降的都要屠城吗?你们应该赶紧把县令杀了,选一个带头人响应反秦的诸侯,这样才能保全性命;否则,陈胜大军一来,大家全得掉脑袋!

沛县百姓早就听说张楚军喜欢屠城,再加上早听说刘邦不是一般人,被刘邦鼓动之后立即杀死县令,迎刘邦入城,领导大家干反秦的事业。

秦二世元年(公元前209年)十月,刘邦欣然接受家乡父老的拥立,称沛公,祭了黄帝,宰三牲发血誓,正式起义反秦。

同时期,秦末历史上的另一大反秦势力也开始登场。

项羽豪言,少年即有壮志

项梁,下相(今江苏宿迁宿城区)人,楚国名将项燕的儿子。

项羽,项梁的侄子。

项梁这个人在史书里没留下多少痕迹,也没什么值得大书特书的,他的侄子项羽则不同。

项羽,名籍,字羽。古时候称呼人,直接叫名字是不礼貌、不尊重的,所以后世对项羽只称字而不称名。

根据史书记载,项羽有拔山举鼎之力,而且天生异相——双目重瞳。

重瞳,又叫对子眼,现在叫多瞳症,就是眼睛里有两个瞳孔,是瞳孔发生畸变造成的,对视力没什么影响。

项家本来在楚国是贵族世家,家里的人大多在楚国做官,最有名的就是项燕,当年给秦国的统一战争设置了不少障碍。因此,楚国灭亡之后,项氏家族遭到了强烈的报复,项羽、项羽的堂弟项庄、项羽的叔父项梁和项伯侥幸留得性命。

项氏家族遭此劫难,项梁把家族振兴的希望寄托在侄子项羽身上,哪知道项羽跟刘邦有个共同点——厌学。项梁请名师教项羽读书,项羽学了两天半,不学了。不愿意学文,那就学武吧,兴许能在武艺上有所成就。于是,项梁又请高人教项羽剑术。项羽学了两天半，又不学了。项梁很生气，可项羽说："叔父，学文也就记个姓名用，剑术也不过是单打独斗的本事。学了这两样能顶什么用呢？所以我才不想学。我想学的是做'万人敌'的本事。"项梁听到就乐了，心想：我侄子有出息，不愧是重瞳啊！于是项梁亲自出马，教项羽兵书战策。

早年间，项梁曾经因为与一桩案子有牵连，被栎阳县逮捕。好在项梁跟蕲县狱掾曹咎有交情，曹咎又跟栎阳县狱掾司马欣有交情。项梁求曹咎出面说情，项梁这才被放出来。进过监狱、留了案底的项梁没有记住教训，不久之后竟然杀了人。

杀人不是小事，不仅官府要捉拿，死者生前也有势力，家人肯定要报仇。项梁为了避仇，带着侄子逃到吴县（今江苏苏州）。项梁也是有本事，在天高皇帝远的吴县很快又过得风生水起。

有胆大包天的叔父带着，项羽也是天不怕地不怕。有一回赶上秦始皇出巡，项梁带着项羽看热闹。项羽看着看着，突然说："我要取代他，当皇帝！"这话可比刘邦的"大丈夫当如是"响亮多了，非常直白地表明项羽此时立下的人生目标。说"男人要像秦始皇"，这话不犯毛病；说"我要取代他"，在那时候许多人有胆想但是没胆说。项梁对侄子能说出这番话感到很欣慰，觉得这孩子有出息。

秦二世元年（公元前209年）七月，陈胜、吴广在大泽乡起义，不久之后势力越来越大，秦朝疲于应付。当年十月，会稽郡（郡治吴县）郡守把项梁找来密议。郡守开诚布公，说："项梁，你看长江南北现在全反了，这是天亡秦朝！所谓先发制人，后发制于人。反正秦朝是要灭亡了，我不想绑在秦朝这艘船上被淹死。现在，我想起兵，由你和桓楚率领，响应反秦。你意下如何？"

项梁一听此言，心里瞬间闪过无数个念头：反秦？反还是不反？天下大势确实如此！但是，跟着郡守一起造反？这可不行，如此绝佳的机会，他项梁怎能屈居人下！莫不如杀了郡守，由自己取而代之，遂领兵造反!

项梁迅速做出决定,装出一副敬佩和受宠若惊的表情,说:"郡守大人您真是目光长远啊!我同意您的决定。不过,桓楚现在逃亡在外,谁也不知道这人在哪。他跟我侄子项羽是好朋友,我估计项羽知道他藏身何处,请大人允许我去问问。"得到郡守同意后,项梁立即去找项羽,附在项羽耳朵上仔细嘱咐了一番,然后让项羽佩好宝剑,在郡守门外候着,自己春风满面地走进房中,重新落座。

项梁对郡守说:"大人,我把项羽带来了。您看我是不是这就把他叫进来?"郡守急忙命项梁把项羽带进来。项梁趁这个工夫观察了一番,确定附近没有别人,高声把项羽喊进来。项羽刚一进来,郡守还没回过味来,项梁立即使了个眼色。说时迟那时快,项羽"唰"的一声猛然拔出宝剑,直奔郡守心口刺去。只听"噗"的一声,来不及叫喊的郡守已倒在血泊之中了。

项羽初次杀人,心里一点不紧张,从容地拔出宝剑,把郡守的脑袋砍下来。项梁手提郡守的人头,又把郡守的印绶搜出来挂在脖子上,在项羽的护持下大摇大摆地出现在大家面前。郡守的部下见此情景大惊失色,有人夺路而逃,有人抖成一团,有人拔出刀剑要捉拿凶手。项羽毫不畏惧,大喝一声,挺剑抢先迎了上去,凡是敢动手的当胸就是一剑。

地上尸首相枕,剑上滴血犹温,项羽脸上不见一丝一毫的不忍,开口断喝:"还有谁!"胆大、不服的已经在地上躺着了,剩下的就差没尿了裤子,趴在地上哀声求饶。

项梁满意地点了点头,把向来听话、有本事的士绅官吏召集起来,明确地告诉众人:"秦朝要完了,我决定起兵造反。咱们平日都处得不错,我希望你们跟着我干。如果你们有不同意见,请跟我侄子项羽打个招呼。"众人偷眼看了看血染衣袍、面目狰狞的项羽,哪还敢有异议。项梁平时经常主持一些工程、丧葬,趁机用兵法组织这些人，早就对这些人有什么本事了如指掌，此时当堂分派职务，各就所长，皆大欢喜。

秦二世元年（公元前209年）九月，项梁自立为会稽郡郡守，以项羽为裨将，聚拢了近万精兵，割据一方。

第二章

时无英雄,竖子也能成名

无意间壮大的势力

世人都说"福无双至,祸不单行",可是项梁、项羽自从扯起反旗之后,好事一桩连着一桩。

项氏叔侄起义这会儿,四周除了秦朝控制了大片区域,差不多都被其他造反势力所占据。项梁手下不到一万人的人马,说多不多,说少不少,一时也不敢有太大动作。正在项梁、项羽谋划下一步该怎么走的时候,第一张馅饼砸了下来。

陈胜手下有一员名叫召平的大将。陈胜在陈县称王的时候,派出几路人马开拓领地,其中一路攻取广陵(今扬州)的队伍就由召平率领。召平带着队伍到了广陵,久攻不下。正没主意的时候,吴广遇害、陈胜出逃、秦军将下一个目标瞄准召平的消息相继传来。召平一看秦军要来广陵,他怎敢怠慢了!便一刻也没耽误,带着兵马渡过长江逃命来了。

单丝不成线,独木不成林。没了张楚政权做依靠,召平很孤单无助。正好这时候项梁带着八千人马竖起了反旗。召平激动得热泪盈眶,反正陈胜生死不知,召平大着胆子以陈胜的名义给项梁写信,拜项梁为楚国的上柱国,就是楚国军事武装的高级总帅,相当于大将军级别。这对于项梁来说可是意外的惊喜,有了这么一顶帽子,对于他收编张楚残兵败将、联合原属张楚政权的其他势力无疑大有好处。

官不是白封的,召平对项梁说:"江东一带豪杰四起,暂时不用管了。现在有一伙秦军要来江南，如果让他们站稳脚跟，渡江打过来，你我就危险了。希望你能率领大军渡江迎击，解决这个麻烦。"

拿人钱财，替人消灾。项梁够仁义，也识大体、顾大局，接到召平的请求，二话不说，带着八千人马渡过长江，准备迎击秦军。

刚过江，项梁就得知了一个好消息：有个叫陈婴的家伙在江南竖起了反旗，而且攻取了东阳县，也就是今天的江苏盱眙县东阳乡。聪明人善于团结一切可以团结的力量，蠢人才逞英雄一个人蛮干。项梁自己渡江本来有些为局势所迫的成分，现在如同发现了一根救命稻草，连忙派人联络陈婴，约他一起西进攻秦。

陈婴原本是东阳县的令史，是个小吏。别看陈婴官不大，在县里名望很高，素以诚信、谨慎著称。陈婴反秦不是自愿的，而是受陈胜吴广起义的影响。大泽乡起义的消息传开之后，东阳的年轻子弟心潮澎湃，情绪激动，一时没控制住，就把县令给杀了。蛇无头不行，鸟无头不飞，起义造反总得有个领头人。提谁做领袖都有人不同意，唯独提到陈婴便全票通过。陈婴生性谨慎，这种掉脑袋的事他哪肯干。可是，反对无效。大家一致表示：这个领袖就得陈婴来当，想不当都不行！

就这样，陈婴被硬逼着做了大伙的领袖。陈婴一出面，应者云集，东阳起义军很快就达到了两万人。实力激增之后，那帮东阳少年又不老实了，要求陈婴称王，这样自己也好晋级。

陈婴的母亲不是一般女子，颇有见识。知道众人要求自己的儿子称王之后，第一时间劝阻儿子："自从我嫁到你们陈家，就从来没听说过陈家祖上出过达官显贵。咱们家就是这个命，得知足，不能有非分之想。我听说那帮人劝你称王。咱们是什么人家，哪有当王的命啊？你要是当了这个王，离死也就不远了。依我看，你莫不如投奔别人，如果大事成了，你也能当个王侯；如果失败了，天塌下来自然有人顶着，只要你不是带头人，不会被注意，逃掉也容易。"

别说称王，本来连这个领袖陈婴都不想当。母亲的一番话，陈婴

汉高祖刘邦

西楚霸王项羽

深以为然。正好这时候项梁派人来联络，陈婴心想正好，不如干脆投靠项梁！他便召集部下开会，对众人说："我没什么本事，你们抬举我，让我当了这个带头人。既然我坐在这个位子上，就得替大伙的将来做打算。刚才派人来送信的项梁，许多人可能都知道，那是将相世家，在原来的楚国家喻户晓。咱们要干大事，领袖要是选错了，注定要失败。不论是名望还是作战经验、带兵能力项梁都远胜于我，咱们不如归附项梁，将来大事定能成。"

陈婴与项梁之间的差距确实是太大了。原本东阳是没有更好的人选，才把陈婴选出来，现在项梁出现在大家面前，东阳子弟觉得还是跟着项梁更保险。就这样，投奔项梁的提议同样全票通过，两万东阳子弟从此成为项梁的人马。陈婴觉得自己找到了替死鬼，项梁则是得到意外收获，壮大了实力。可谓双方各取所需。

陈婴这两万人刚刚投靠项梁，英布也带着人马来投奔。

英布，九江郡六县（今安徽六安）人。据说当年有人给英布相过面，说英布"当刑而王"，就是将来会先受刑，而后称王。英布几年后果然犯了法，受了黥刑。

黥刑就是在犯人脸上刺字，然后用墨染，以在犯人脸上留下不可磨灭的侮辱性痕迹。就因为这个，英布又被称为黥布。

别人受刑都难受，英布却挺高兴："算命的当年说我'当刑而王'，现在我受了刑了，看来富贵不远了。"受了黥刑之后，英布被发配到骊山给秦始皇修坟。骊山刑徒几十万，五湖四海的英雄豪杰、大大小小的管事的众多。英布与这些人都套上了交情。瞅了个空子，英布居然带着几个好兄弟逃出来，拉帮结伙往来于长江之上，当了强盗。

因为受到陈胜吴广起义的感召，英布感到自己得富贵的机会来了，决定加入到推翻秦朝的伟大事业中。可是这时候英布手下只有当初一起逃出来的几个弟兄，想独自起义、割据一方那是天方夜谭。因此，英布带着兄弟们投奔了番君吴芮。

023

番是地名，指鄱阳县，也就是今天的江西鄱阳县。吴芮就是这番阳县的最高长官。其他县的最高长官都称"令"，比如刘邦老家沛县的最高长官就是沛令。那么，吴芮为什么称作"番君"而不是"番阳令"呢？原来，这个吴芮不是秦朝官方委派的官吏。当年秦始皇派兵攻打楚国，攻占楚国郢都（位于今湖北荆州城郊外的东北处），楚国王室逃亡到寿春（今安徽寿县）。秦军追击楚王，没顾得上整顿番越之地，造成了一大片权力真空地带，以致当地匪患严重。春秋时期吴国开国之君泰伯的第二十九世孙吴芮主动站出来，组织乡勇抵抗散兵、土匪，得到了百姓的一致拥护，势力范围北到安徽祁门，东到赣浙边界，南到福建，西到都昌、鄱阳，人马数万，亦农亦兵。后来陈胜吴广起义，天下皆反。为了稳定南方，安抚百越，秦朝采纳丞相李斯的建议，封吴芮为番君，想用这个称号换一个不要钱的帮手。

英布投奔吴芮之后，游说吴芮参加反秦大事。吴芮不仅欣然同意，帮英布凑了数千人马，而且认为英布是条好汉，能成大事，还把自己的女儿许配给英布。

英布是秦末有名的将领，敢打硬仗。秦将章邯势如破竹般剿灭张楚之后，别人都不敢捋章邯的虎须，英布却敢主动出击，带领着弟兄们在青波（今河南息县与新蔡县交界处）大破秦军，顺势夺回了陈县。

一场大胜并没有使英布头脑发昏。他知道自己不是军事统帅的材料，并不奢望挑翻秦朝、平定诸侯当皇上。因此听说项梁占领会稽、陈婴率军归附，英布当机立断也投靠了项梁。

项梁转眼间不费吹灰之力就成了拥有六七万兵马的强大阵营的领袖。实力大涨的他首先对张楚政权残余势力发起攻击，借口是"陈胜生死不明，秦嘉却擅自拥立景驹为王"。真实目的是拓展领地、扩充军队、把隐患消灭在摇篮中。结果，秦嘉战死，景驹在逃亡中被杀，部队被项梁照单全收。

项氏势力从此开始在天下诸侯中占有了沉重的分量。

矢志报仇张子房

项梁、项羽迅速崛起，帐下猛将如云，手握精兵十万。相比之下，沛公刘邦很凄惨，手下满打满算不到一万人，老巢还丢了；刚找了棵大树，没等乘凉，就被项梁砍倒了。

人不可能一直走霉运。就在这段很倒霉的日子里，刘邦与张良相遇了。

张良的大名，可以说在后世无人不知无人不晓。中国历史上有几位被神化为前知五百年后知五百载的神人：第一位是西周的姜子牙，第二位就是西汉的张良，之后还有初唐的徐茂公、明朝的刘伯温。

张良以谋略著称，算是一个谋士。张良，字子房，是战国七雄韩国贵族后裔。张良的祖父开地辅佐过韩昭侯、韩宣惠王、韩襄哀王，张良的父亲平辅佐过韩釐王、韩悼惠王，都是当时的相国。到了张良这一代，他还没等到做官的年纪，韩国就被秦国灭了。

秦始皇对张氏一族并不如想象中的那样赶尽杀绝。《史记》记载"韩破，良家僮三百人"。韩国灭亡了之后，张良家还有实力养着三百仆役。说明秦始皇并没有对张家下手，不过也没用张良做官。韩国被灭，张良心里自然是不甘心，且不说他自己做不成相国，就凭韩国对他家的知遇之恩，这仇也不能不报。因此，张良把家财全投入到反秦事业中，连亲弟弟死，他都没舍得花钱办葬礼。不过根据史料来看，张良这些钱也没花对地方，只做出一件轰动全国的大案——锤击案。

公元前220年，始皇嬴政第三次出巡，目的地是现在的山东烟台市北边。

皇帝出游自然是惊天动地。张良当时正在淮阳（今河南周口淮阳县）学礼，得到这个消息，立即策划了一场刺杀行动。

他首先找了一个被称为沧海君的人。关于这个沧海君是谁，是历史上的一个谜。有人说可能是一个东夷领袖，有人说是东海的神仙，有人说是一个隐士的绰号。但是有一点可以肯定，这位沧海君也是个反秦志士。张良见到沧海君，请沧海君帮他找了位可靠的大力士，又打了个重一百二十斤的铁锤，大概类似于现在体育竞技中的链球。

准备妥当之后，张良带着大力士埋伏在了秦始皇此次东巡的必经之路——阳武博浪沙，位置在今天的河南原阳县城东郊，准备刺杀秦始皇。当时没什么情报机构，秦始皇对于危险一无所知，乘着銮驾，在仪仗的护卫下浩浩荡荡地从博浪沙经过。就在这时，张良一声命令，大力士抡起铁锤，掷向仪仗中的一乘銮驾。虽然秦始皇事先不知情，但是按照惯例，帝王出巡都会准备多乘帝王专用的銮驾，帝王不一定坐其中的哪一乘，其他的空着，为的就是防备刺客。张良看见那么多辆车，有点懵，也没办法凑到跟前挨个确认，只能撞大运。结果，也不知道是张良没猜对，还是大力士的准星有偏差，铁锤砸在了没人的銮驾上。

张良和大力士可没管结果，铁锤扔出去之后，两人拔腿就跑。另一边，仪仗队头一次遇袭，也很慌乱，错过了捉拿刺客的时机。虽然是虚惊一场，但是秦始皇仍然震怒不已，命令全国戒严十日，搜捕刺客。那时候也没有电话，只能靠驿卒骑马往来传递消息，不可能做到全国步调一致。因此，张良很容易就脱身了。

张良一口气逃到下邳，也就是今天的江苏邳州，隐姓埋名藏了十年，成了游侠。

在下邳藏身的日子里，据记载，张良遇到老神仙黄石公，演了一出"圯桥三进履"的戏，这是耳熟能详的故事，毋庸赘言。末了，黄石公留下一本《太公兵法》，说读好这本书，就能辅佐帝王成就霸业。说完，黄石公"嗖"的一声凭空消失。

《太公兵法》也就是《六韬》，又称《太公六韬》，共分文、武、龙、虎、豹、犬六韬。《文韬》讲治国用人的韬略，《武韬》讲用兵的韬略，《龙韬》论军事组织，《虎韬》论战争环境以及武器与布阵，《豹韬》论战术，《犬韬》论军队的指挥训练。一共六十篇，不到两万字。

在下邳藏了十年之后，陈胜吴广起义的消息传来。张良作为一个一直致力于反秦的人当然不能放过这个好机会，立即征募战友。等张良好容易凑了百八十人，发现陈胜死了，好在秦嘉拥立景驹，重新竖起大旗。张良带着凑来的一百多人启程投奔景驹，半路上跟刘邦相遇了。刘邦这时候正好已经归附了景驹，张良就直接加入了刘邦军。

刘邦一开始没把张良当回事儿，给了张良一个厩将的职位，让他负责管养马。张良当然不能满足于这么一个职位，这一路上逮住机会就跟刘邦讲兵法。刘邦是个善于纳言的人，不管你什么地位，只要你说的他觉得有道理，他就采纳，这一点是张良最喜欢的。张良认为刘邦有天命所归的迹象，也不去见景驹了，一心要辅佐刘邦。

景驹很快被反秦志士项梁除掉，左右都是为了找个靠山，刘邦丝毫没有"忠臣不事二主"的想法，决定顺势投靠项梁。为了表示诚意，刘邦带着张良轻车简从而至。项梁也听说过刘邦这号人物，因此不仅接纳了他，而且还拨给他五千人马、十员大将，由他指挥。

楚王得立

人人都想富贵，殊不知穷人有穷人的欢乐，富人有富人的烦恼，卑者有卑者的安逸，贵人有贵人的危险。

项梁以"陈胜生死未明而擅立假王"的借口除掉了秦嘉。奉命攻打襄城（今河南许昌襄城县）的项羽在活埋了襄城全部秦军后，带回了一条很值得高兴的消息：陈胜已经遇害了。

项梁召集麾下全部将领在薛城开会，研究选出新楚王。

听说项梁要开会研究楚王人选，鄡县（今安徽桐城南）人范增有些坐不住了。范增此时已经是七十岁高龄的老者，却毫无老守田园、安度晚年的自觉。他专程找到项梁，提出建议。

范增认为：陈胜败亡，张楚覆灭，纯属咎由自取。原因在于陈胜不立楚王后裔而自立为王。被秦所灭的六国之中，楚国是最无辜的。而且当年楚怀王熊槐是因为被秦昭襄王用谎言欺骗，到了秦国被强硬扣留，才客死异乡的。因此，亡国之恨楚人没齿难忘，所以楚南公才说"楚虽三户，亡秦必楚"。他指出：项梁起义之后，楚国人蜂拥而至，争相归附，看中的就是项梁是楚国将门之后，认为项梁一定会拥立楚王的血脉。范增的结论就是：选楚王，一定要选熊槐的子孙。

范增对项梁做出的建议里，有两点值得一提。

第一"楚最无罪"。范增说楚国是最无辜的，这话未免一厢情愿。

公元前318年，魏、赵、韩、燕、楚五国联合攻秦，楚怀王被选为此次联军的"纵长"。要不是这五国各怀鬼胎，秦国恐怕就此灭亡了。

公元前313年，车裂了商鞅的秦惠文王在攻打齐国之前，为瓦解齐楚联盟，派张仪游说楚怀王。张仪谎称："楚诚能绝齐，秦愿献商于之地六百里。"楚怀王贪便宜，立即与齐断交，并派人去接收土地。张仪当场反悔，说当时答应的是六里，不是六百里。楚怀王勃然大怒，兴兵攻秦。史书记载的秦楚丹阳之战就此爆发。结果是，楚军被秦军杀得大败，反而被秦军夺去了六百里国土。楚怀王不甘心失败，又派兵攻秦，结果再次战败。

此后，楚怀王一会儿与秦国结盟，一会儿与诸侯结盟，反复无常，唯利是图，不仅得罪了秦，而且得罪了其他诸侯。因此，说"楚最无罪"纯属夸张。

第二，要说一说"楚虽三户，亡秦必楚"。

这话是楚国贵族楚南公在楚国灭亡之后说的。关于这句话的解释，其他都好说，唯独"三户"二字，在史学界自古就有争论。有人说，这个"三户"指的是楚国三大名门望族——昭家、屈家、景家。也有人说，"三户"是楚国的三户津这个地方。还有人说，"三户"是虚指，意思就是"只要楚国人没死绝，就一定能灭亡秦国"。

综合比较而言，按地名说解释这句话，文理不通。显然地名说并不正确。而"三族"说则于礼不合，因为这个解释里没包括楚国王族的芈姓。作为自豪的楚国人，这未免太瞧不起自己的王了。因此，第三种说法是最合情理的。

当然，楚南公到底是什么意思，已经没办法知道了，今人只能猜测。

再说老范增一厢情愿地说大家投奔项梁都是因为他能拥立楚王后裔，倒是一语点醒梦中人。项梁想称王，但是他一旦自己称王而不立楚王后裔，他爹项燕以及列祖列宗挣下的好名声就全毁了，这就等于直接授人以口实。再者，对于楚怀王的遭遇和楚国的灭亡，楚人确实是切齿痛恨秦人，如果请出一个楚王后裔做门面，肯定能赢得楚人的狂热支持。

秦二世二年（公元前208年），项梁派出人去，寻找楚怀王的子孙。至此一个放羊娃被从山沟里带了出来。经过知情者的确认，这个放羊娃是楚怀王熊槐的孙子，名叫熊心。熊心很快被接到盱台，也就是今天的江苏盱眙。为了激起楚人同仇敌忾的情怀，他被要求接受爷爷的谥号，也称楚怀王，史称楚后怀王，后又称为义帝，以盱台为都。

大秦的最后一根稻草

秦国，以战争起家。在秦国到秦朝的六百多年时间里，名将辈出，屠戮无数。虽然被陈胜吴广起义打了个猝不及防，一旦缓过气来，大秦的刀锋还是那样锐利。

秦二世时代，秦国最猛的武将非章邯莫属。

临危受命的章邯，率领着大部分由刑徒组成的军队，就像一头从山上冲下来的饿虎，势不可当。在消灭张楚之后，章邯并没有把江南群雄放在眼里，仅仅派出几支队伍去围剿，自己则把主要目标对准了魏国。

此时，天下大乱，各地纷纷自立。复国后的魏国正处于战略要冲，是秦军东出北击的瓶颈。拿下魏国，秦军进可攻退可守，将一举扭转不利局面。

秦二世二年（公元前208年），就在项梁刚刚推出楚后怀王这个傀儡没多久，章邯将魏都临济（今河南封丘县东）包围了。

魏王魏咎本是西周文王之后，怎奈此时立足未稳，不复乃祖遗风。早在听说秦军将要杀过来时，魏咎就已经惶恐不安，找主心骨周市商量。忠心耿耿的老周市的意见是：向齐国、楚国求救，三国合兵坚决抵抗。魏咎也别无他法，只好鼻涕一把泪一把地写了两封求援信，派人杀出重围，送到齐、楚两国。

唇亡齿寒的道理谁都明白。接到求援信后，齐王田儋率先反应，亲自与弟弟田荣共同领兵前来救援。

田儋出兵，一半是因为休戚相关，一半也是因为要还周市的人情。陈胜占据陈县称王的时候，派周市率军北上。周市在黄河下游辗转作战，为田儋创造了机会。田儋当机立断，和从弟田荣、田横杀死当地县令，自立为齐王，恢复了原齐国领地。田儋能有今天，多亏周市。投桃报李，田儋带着人马来了。

相比齐王的身先士卒，楚国的反应并不热烈，项梁只派远房族侄项它带一队人马赶来援助。齐、楚两军与魏军在临济城下合兵一处，一时间车如潮水马如龙，刀枪林立，人浪起伏，倒也壮观。魏咎与周市喜极而泣：援兵来得很及时，这下有救了！

临济城内，三国联军紧急布防，忙得热火朝天。临济城外，章邯的大军镇定从容，不急不躁。章邯并不在乎面对多少人马。临济就在眼前，他相信自己要胜利了。

当忙碌了一个白天的魏、齐、楚联军疲惫不堪的时候，这天夜里，驻扎在城外的章邯命令秦军人衔枚马勒口，悄无声息地对临济发起突然袭击。齐、楚两军驻扎在临济城脚下，围成一道坚强的人体屏障。没想到眨眼之间，势如疾风的秦军幽灵般地来到了他们的营外，默契地平端矛戈，雷霆一击般冲进了齐、楚军营。

使用了偷袭战术的章邯军如同猛虎闯入羊群，杀得齐、楚两军措手不及。在这个沉寂的夜晚，打破了静谧的喊杀声和惨叫声没有持续多久，就又恢复了宁静。只是那强烈的血腥味刺激得临济城上的魏军欲呕。

旭日在同一个位置升起，并不顾及人间悲欢，兀自放射着耀眼的光芒。临济城下却已经成了死者的坟场。天刚大亮，秦军已把临济包围得水泄不通，魏国顶梁柱周市和齐王田儋已经在昨夜的混战中战死，魏都已变成了一座孤岛。

魏咎得到报告后，一声长叹。事已至此，又能如何？天赐他一个天潢贵胄的血脉，天赐他一颗不甘沉浮的雄心，天赐他一个千载难逢的良机，然而，天没有赐予他指点江山的实力。此时的魏咎自知死期不远，反倒看得开了。他派人向章邯送信，表示愿意放弃抵抗，开城投降，只求秦军不要屠城，放过满城百姓。章邯回答得很干脆：好！得千金一诺，魏咎下令开城投降。就在秦军浩浩荡荡进入城内之际，魏咎纵火自焚。

宏图霸业转眼成空，壮志残躯尽付寒风。魏咎到底是文王后裔，没有让先祖蒙羞。

末世的秦朝，在章邯的南北厮杀下，发起了绝地反扑，掀起了冲天巨澜。谁能阻挡秦军的脚步？谁能在秦王朝的坟丘上堆下最后一抷土？

魏咎死了，他的弟弟魏豹还活着。在逃出生天的项它带领下，魏豹成功逃到了楚国。在楚后怀王熊心驾前，魏豹痛哭流涕，恳请楚国看在死去的魏王分上拉他一把，给他一支军队报仇复国。楚国需要这样一个战友，可是也不能拿出太多兵力做冤大头。在项梁的授意下，熊心拉着魏豹的手，好言安慰，给了几千人马，交给魏豹报仇。

几千人马也不算少了。魏豹当即跪谢楚王，带着这点人马杀奔魏国。

章邯一举灭掉魏国后，田荣带着齐国的残兵余将退守东阿（今山东阳谷县阿城镇）。章邯正好打算继而攻打齐国，当即衔尾而来。田荣正准备鼓舞士气、组织人马抵抗，不幸的消息从后方传来：齐国留守人员得知田儋战死，马上趁机拥立原齐王田建之弟假为王，拜田角为相国，拜田角之弟间为将军。

这一下子可要了田荣的命。前有秦军虎狼之师，后院又起了火，失去支援，这仗还怎么打？田荣赶紧向楚国求援。项梁这时候正带着项羽、刘邦攻打亢父，得知田荣有难，基于战略考虑，立即放弃亢父挥师急奔东阿，与田荣军一前一后夹住了章邯军。楚军骁勇，田荣军拼命，章邯军腹背受敌，消耗太大。章邯当机立断，指挥大军跳出包围圈，向濮阳（今河南濮阳）方向撤退。

项梁此次挥师增援的目的之一就是要吃掉章邯军，解决秦朝最强战斗力。章邯军撤退，项梁立即亲自率军追击。

山雨欲来风满楼，一场攸关秦楚命运的恶战即将开始。

死要面子活受罪

项梁出兵替田荣解围之后,田荣没有跟着项梁追章邯,而是火速赶回老窝救火去了。虽说被章邯打得很惨,但田荣带着这点残兵败将,借着自己在齐国的余威居然把齐王田假打跑了。田假逃到楚怀王那里避难,相国田角和将军田间则是躲到了赵国。田荣对死去的大哥够义气,没有趁机自立,而是把大哥的儿子田市推上了齐王的宝座,自己任相国,辅佐侄子。老三田横这时候浮出水面,被任命为大将军,掌管齐国所有军队。

就在这时候,项梁的求援信来了。要是田儋还在,可能就急着出兵了,田荣却不是。看过项梁的亲笔信之后,田荣回了一封信。信上说:

武信君,您之前帮助我们齐国度过危机,我深表感谢。您独自率军与章邯交手,这又让我非常之佩服。我非常愿意出兵协助您消灭章邯。可是,在我出兵之前,我希望您能答应我一个小小的要求。前些日子在齐国出现了几个乱臣贼子,就是田假、田角和田间,自立为王,迷惑百姓。我率军平叛的时候,田假逃到了楚国,田角和田间逃到了赵国。为了我们齐国的安定团结和咱们齐、楚、赵三国的和睦,请您和赵王把这三个叛逆杀死。只要我见到这三个人的脑袋,齐国马上派兵支援!

项梁接到信后大怒，几乎拍案而起，暗叹自己交的是什么人，想当初他救人的时候什么条件没提，今天对方竟然来跟他讲条件！

项家有个传统：死要面子活受罪。项梁就是这样的人。田假在楚国避难，属于有利用价值但可有可无的一枚棋子，杀了也就杀了。但是项梁不这么想，项梁认为：田假走投无路投奔楚国，那就是瞧得起自己。如果为了田荣那点有也不多没也不少的救兵就把来投奔自己的人杀了，那天下人怎么看他项梁？谁还肯投奔他？于是，项梁断然回信：田假好歹也曾经是齐国之君，齐楚两国一直友好。现在他走投无路来投奔我，我是不会忍心杀他的！

项梁不肯杀田假，赵国也就不肯杀田角和田间。反正田假不死，齐国就不肯出兵，赵国杀了田角、田间也没什么意义，还要担被天下人指责的风险。

田荣果然说到做到，不见田假等三人的人头，他真的就不出兵。项梁着急，三番五次地遣使催促。田荣就是毫不理睬。

没有外援，盛怒之下的项梁决定独当一面。他首先命令刘邦和项羽攻打城阳（今山东鄄城东南），进而攻打定陶（今山东定陶西北），以防其他秦军呼应濮阳。刘邦和项羽不费吹灰之力就把城阳拿下，将城内屠戮一空。但是在兵临定陶的时候，刘、项大军受挫，转而攻打雍丘（今河南杞县）。在这里，刘邦和项羽遇到了李由率领的一支秦军。

李由此人来头甚大，他是秦朝当朝相国李斯的长子，公子扶苏的好友，蒙恬的学生。李由见敌军势大，急忙一面派人向章邯求援，一面组织军民固守。此人虽然生于当朝国相之家，锦衣玉食，倒也是条好汉，在战场上身先士卒，拼命死守。双方激战到第四天中午，李由左臂中箭，血流如注。这位公子毫不退缩，拔出箭头包扎好伤口，继续指挥作战。战至下午，雍丘城破，李由率秦军与刘项军展开巷战，直杀到身边只剩下十几个贴身护卫，仍力战不退，直至战死沙场。李由死后，仍然手握长矛，怒目圆睁。刘项军中有人见此情景也不禁流下了敬佩的泪水。项羽素来敬慕好汉，当即令人把李由的尸体送回其上蔡老家安葬。

刘邦、项羽取得了巨大战果之后，项梁率领大军来到了定陶。对于刘邦、项羽的战绩，项梁非常满意。"连李由都死在了我侄子手里，秦军不过如此啊！"项梁不无骄傲地想。包括陈胜吴广在内，其他各路英雄面对秦军的反扑都是屡战屡败。唯独他项梁，不仅杀得章邯龟缩在濮阳，还杀死了相国李斯的儿子、力保荥阳不失的李由！试问天下谁是对手？

项梁的自大情绪被宋义察觉了。宋义也不是简单人物，他原是楚国令尹，也就是宰相。楚国被秦灭亡后，宋义隐居楚地，在项梁立熊心为王后出山辅佐，此时正在项梁帐下。项梁被几场胜利冲昏了头脑，宋义却很清醒地认识到，区区几场胜利并不足以令秦朝一蹶不振，章邯也绝非浪得虚名。他不无担心地对项梁说："将军，带兵打仗，最怕的是胜利使将领骄傲、士兵怠惰。现在我发现士兵们已经有些怠惰了，而秦军势力益胜。这种情况，令我不能不替将军担心啊！"宋义没敢直接指出项梁骄傲自大，而是绕了个圈子。项梁不傻，哪里会听不出宋义是在说他？项梁心里很不痛快，可是宋义毕竟是老资格，也不好把他怎么样。于是，项梁阴沉着脸说："你提醒得很对，很及时。你的批评是个好批评，我回头就收拾那帮偷懒的士兵。我充分考虑你的意见，觉得单凭我们自己跟秦军打，损失太大。因此想请你亲自去齐国跑一趟，再好好劝劝田荣。等他想通了，你立即带着援兵赶来，与我会战章邯！"

项梁哪里是虚心接受意见，分明是觉得宋义讨厌，索性把他赶到齐国去。宋义气得无话可说，应了声"诺"，调头就走。瞅着宋义憋屈的背影，项梁开心极了，咧开大嘴哈哈大笑。

却说宋义走出帐外想了想，反而高兴起来，收拾收拾行李，带着随从乐呵呵地上路了。在去齐国路上，宋义遇见了齐国使者高陵君。宋义停车问道者："这不是高陵君吗？你这是要去见武信君吗？"

高陵君恭恭敬敬地见了礼，说："是啊。我们的大王命我去见武信君。"说着，急急忙忙就要继续赶路。

宋义连忙拉住高陵君道："你慢点走。我料定武信君必遭大败，你要是慢点走，还能留得性命；要是走得快了，恐怕正好赶上这场杀身之祸！"

高陵君很惊讶：宋义怎么说得这么肯定啊？左思右想，自觉还是小心点为妙，反正也不是什么着急的事，就慢悠悠地往前走了。

项梁殒命

项梁军中滋生的骄傲与怠惰情绪被嗅觉灵敏的章邯察觉了。当项梁以为章邯被吓破了胆、不敢出城的时候，章邯决定给项梁一点颜色看看。

夜色深沉，万籁俱静。濮阳城内，章邯整军待发。微弱的星光掩映下，密密麻麻的人影悄无声息地站立着。人人嘴里衔好了枚，战马也被勒住了嘴。军官们用阴狠的目光来回扫视，试图寻找出一个敢于出声的倒霉蛋立威。没人敢说话，章邯也没有说话。他只是猛地一挥手，千万人组成的大军骤然而动，秩序井然而轻盈地飞奔出城，直扑定陶。

深秋的定陶，夜色中冷气袭人。天越冷，人睡得越香。就连夜巡的士兵也睡眼惺忪地履行巡逻职责之后，溜到背风的角落悄悄打盹了。

在项梁军毫无警惕和察觉之中，章邯军已经摸到了项梁军大营附近。看着酣睡中的楚军大营，章邯伸出腥红的舌头舔了舔嘴唇，森然地冷笑一声。多么丰盛的一顿美餐啊！他伸手指向项梁大营，低吼一声："杀！"

一声令下，秦军如同风卷残云一般杀了进去。楚军根本没有防备。他们丝毫没有想到章邯还有出击的胆量。骄傲的楚军被秦军肆意屠戮着。被惊醒的人如同无头苍蝇一般四处乱撞；来不及起身的人则被堵在营帐里乱刀分尸；那些奋勇拿起兵器抵抗的，在挥刀的瞬间被数支羽箭射穿。

就在这个凄美的夜晚，新楚国的缔造者、陈胜和吴广之后最著名的一代猛将项梁，在乱战中窝囊地战死了。他的尸体只是与士兵们倒在一起，没有显得更壮烈、更高贵。死亡面前，从来没有高低贵贱之分。

楚国的一杆大旗在猎猎风中折断。噩耗传来，正在奉命攻打陈留（今河南开封陈留镇）的项羽和刘邦目瞪口呆。项梁死了，陈留久攻不下，他们该何去何从？来不及悲伤，来不及祭奠，考虑到项梁之死对楚军士气的打击，刘邦和项羽立即仓皇东撤，项羽军撤至彭城（今江苏徐州）之西，刘邦军撤至砀县（今安徽砀山南）。

陈胜手下原来有位大将吕臣，陈胜遇害之后，趁着章邯率领秦军转而攻魏的时候，在新阳（今安徽界首北）组织队伍，与英布重新夺回了陈县，杀死了庄贾，重建张楚政权。吕臣得知项梁兵败而亡，也感到局势危急，率领军队弃守陈县，归顺了怀王，驻扎在彭城之东。三路人马严阵以待，准备抵御秦军。

而楚后怀王熊心乍闻项梁战死的噩耗，心中欣喜若狂！这哪里是什么噩耗，对他熊心来说分明是个天大的喜讯！

项梁的存在，使熊心一直笼罩在死亡的阴影中，熊心当然不甘心。他想活下去，他想风光地当一回楚王，他想不受任何人约束地发号施令。项梁活着的时候，他没有任何机会，只能被动地等着死亡。谁能想到没有忍耐多久，机会就这样意外地到来了！

熊心很激动，他要迅速地把权力掌握在自己手中，不让任何人再掌握自己的生死。为此他做出决定：北上迁都彭城。来到彭城之后，他立即传出几条命令：收回项羽、吕臣的兵权，拜吕臣为司徒，拜吕臣的父亲吕青为令尹，封刘邦为武安侯，以平衡其他将领与项羽的势力。曾经的一个区区亭长，仅仅几千人马起家，今日的刘邦已成为堂堂侯爷，在熊心有意为之之下逐渐进入了楚国统治集团的中心。当然，对项羽也有必要安抚一下，以免项氏强烈反弹。怀王熊心封项羽为长安侯，称鲁公。

此时，楚国盟友魏豹也在西线密切注意着章邯军队的动向。带着熊心拨给的几千人马，魏豹一路横冲直撞，没几个月，竟然从秦军手里夺回了二十几个城池。楚怀王立即封魏豹为魏王。

项梁战死后，项羽、刘邦、吕臣在彭城一带准备迎击，魏豹准备从后方夹击。两国各就各位，静候章邯。结果，消灭了项梁军的章邯对楚国的残兵败将不屑一顾。他没有追剿楚国有生力量，而是挥师直奔赵国去了。

警报暂时解除。熊心感到迫切需要一个可以依靠的心腹辅佐自己。

这时宋义刚好从齐国回来。君臣相见之后，对当前形势、应对战略等大事进行了深入讨论。熊心对宋义非常满意，当即拜宋义为上将军，赐封号为卿子冠军，命他统帅诸将。"卿子"是公子的意思，是一种尊号。宋义为上将军，全军中级别最高，所以又称冠军。同时，为了安抚项羽，他又拜项羽为次将，范增为末将。

在熊心抓紧时间掌握权力的时候，章邯军已经以凌厉之势渡过黄河，一路斩杀，势如破竹地攻入了赵国都城邯郸（今河北邯郸）。赵王歇被人扶上王位没多久，就被章邯追得四处逃命，一直逃入巨鹿城（今河北平乡）。章邯这回执意要斩草除根，咬定赵王歇毫不放松，派率领北方军团前来增援的副将王离的军队团团围住巨鹿，他本人率军在巨鹿城南屯军准备打援。

为了保住赵国这个盟友，高瞻远瞩的熊心命令宋义率领楚军主力营救赵王歇。

秦二世三年（公元前207年）闰九月，楚后怀王熊心命令卿子冠军宋义率项羽、范增、英布等将领北上救赵，命令刘邦独领一军西进攻秦，沿路收集陈胜、项梁余部，并与诸将对天盟誓，约定"先破秦入咸阳者王之"。项羽不愿意北上，希望跟刘邦一道西进伐秦，为叔父项梁报仇。熊心以前备受项梁欺压，早就跟项家结下了仇恨，哪能让项羽如愿？

项羽碰了一鼻子灰，这时候大权都在熊心手里攥着，项羽只好从命。

同年十月，辞别了楚王熊心，宋义和刘邦分别率军出发了。宋义行至安阳（今山东曹县），让军队就地驻扎听候命令。此时，安阳离巨鹿直线距离只有不到五百里。全军做好最后的准备，士兵们都相信，决战的时刻就要来了。

第三章

谁的江山,马蹄声凌乱

情谊无价

等待盟友救援的日子里，赵王歇在巨鹿城里瑟瑟发抖。城外，王离的二十万秦军正在日夜不停地发动攻击。多亏秦军屠城的传统使守城军民上下一心，大将张耳居中调度，这才挡住了秦军的一次次猛攻。摇摇欲坠的巨鹿城始终屹立不倒，让赵王歇对生存有了一丝期待。

大将张耳面容憔悴，眼睛里满是通红的血丝。他已经许多天没能睡个好觉了。巨鹿城坚持不了太久，张耳对这一点十分清楚。他焦躁地踱了几步，再度派使者去见陈馀，要求陈馀赶紧援救巨鹿。

使者顺利见到了陈馀，并再一次被陈馀打发回去。陈馀已经记不清这是张耳第几次派人来催了。他也很无奈。他知道巨鹿危急，他也想救张耳。可是，他手里的几万人马全都是刚刚收拢的乌合之众。攻打王离，他没有半点胜算。在他看来，张耳并不应该提出如此不切实际的要求，不应该明知道是火坑，还要求他跳进来送死。因为，他们是兄弟。

前边介绍过，王离军是当时秦朝的正规军之一，也是秦末唯一参加了平定起义的秦朝正规军团。这支军团曾经在蒙恬的带领下北击匈奴，在与来去如风的游牧民族的较量中获得了胜利。王离接管这支北方军团的时间并不长。但是，王离毕竟是老将军王翦之孙，虎将王贲之子，是地道的将门之后。不像当年的赵括只会纸上谈兵，王离原本也是蒙恬手下的一员裨将，跟随蒙恬与匈奴征战多年。家学渊源，再加上有实战经验，王离的战术素养可以说不会差。在王离的带领下，北方军团的战斗力虽然不及蒙恬在时，但在当时也可以说数一数二。

王离二十万大军围城，日夜耗费粮草无数。张耳本来寄希望于秦军粮草不济，自行退却。哪知道，就在王离即将断粮的时候，章邯把粮食运来了。

有了粮草，王离安心了，张耳却不开心。巨鹿虽然兵精粮足，也经不起这样穷年累月的消耗。更何况这些日子王离把强攻、夜袭等攻城战术练了个遍，巨鹿眼看已经指日可破了。无可奈何之下，张耳拉下脸皮，派当年一同起事追随陈胜、跟自己与陈馀交情深厚的张黡和陈泽突出重围，给陈馀传话。

张耳的口信是："你我结识多年，我与你是过命交情，一个头磕在地上，发誓虽然不能同生，但愿同死。眼下，大王与我危在旦夕。你拥兵数万，却在旁边观望，不肯前来相救。人臣大义我就不说了，同生共死的誓言你都忘了吗？如果你没忘，为什么不出兵解围，与我赴难同死？发动攻击固然生死难测，可是起码咱们还能有一线希望啊！你要是再不来，我可就真得要完了！"

得了张耳的口信，陈馀心里挺不好受。毕竟是朋友一场，生死之交。话说到这份上，自己的脸也没处搁。可是，陈馀有他自己的考量。他对张黡和陈泽说："当年的誓言我怎么会忘记呢？如果说用我的死能换来大哥脱险，那么我毫不犹豫。可是实际情况是，我手下就这么点兵力。一旦出击，非但不能解救巨鹿之急，连给王离塞牙缝都不够！我不是怕死，而是希望至少能为大王和大哥保留一点报仇的希望。现在这个局势，非要我出击，不是让我送死吗？这跟拿肉包子打狗有什么区别？"

张耳、陈馀哥俩的分歧，其实完全在于考虑事情的角度不同。

张耳从自己的角度考虑：自己坚持不下去了，不知什么时候巨鹿城就破了。如果没有奇迹出现，自己是必死的局面。而陈馀手下好几万人，如果从外围向里杀，自己再派兵里应外合往外杀，没准就把王离打败了。再说，他眼看就要死了，而陈馀当年发过誓，怎么能不豁出命来救他呢？

但是张耳可没想到陈馀兴许就死在乱军之中，自己在城中倒未必就死了。他也没想到自己身为哥哥的应该想着怎么让弟弟活，而不是怎么让弟弟跟自己一起死。

陈馀也是一样，他只想到冲出去可能就这么完了，连个水花都打不出来，却没有想到他的国君、他的结义哥哥正在生死存亡关头，面对死亡的威胁心急如焚，反而想的是：你们要死没必要拖我下水，我活着将来没准还能给你们报仇。

最后，因为张黡、陈泽两个人坚决要求出兵，陈馀实在没辙，拨给两人五千人马，让他们前边探路。只要他们能冲过去，陈馀答应随后就到。

相比之下，还是张黡、陈泽二人讲义气。二话不说，带着五千士兵就杀出去了。五千人想冲破二十万大军的封锁，谈何容易！这一票人马杀出去没多远就被秦军饱嗝都没打一个地消化了。陈馀在后边根本连动都没敢动，眼睁睁看着自己的战友消失在由秦军构成的茫茫人海中。

看这个情景，仔细一想，陈馀觉得不出击的决定是正确的。不过，陈馀也并没有独自逃命。他一面命令军队抓紧时间修筑深沟高垒，坚壁自守，一面连续派遣使者向楚、齐、燕、魏各国求援。陈馀的计划是这样的：如果诸国援军能够及时赶到，大家合兵一处，他也绝不当孬种，一定跟着大伙一起把大哥救出来。如果没等援军赶到城就破了，那就对不起大哥了，他日后一定给大哥报仇。但要想让他现在就去送死，那是恕不奉陪。

在陈馀的恳求下，燕、齐、楚三国的援军陆陆续续地赶到了。

援兵虽然及时赶到，但是，谁也不敢对王离发起进攻，都向陈馀学习，躲在一边观望。最富戏剧性的是，张耳的儿子张敖也敛了万把来个人来救父亲。可是到了巨鹿附近，张敖也止步不前，看着老爹被王离围起来痛揍，就是不敢出手相救。四路人马在巨鹿城外你看着我，我看着你，都希望对方先行一步，试试王离的斤两，以便于自己决定是战是逃。

怒杀宋义，项羽重夺兵权

再说宋义。他奉命救援赵军，走到安阳驻扎下来之后再也不见行动。

这一待，就是四十六天。赵王歇就像久旱盼甘霖一样眼巴巴地盼着楚军的到来，宋义却悠然自得地在安阳看风景，楚军将士摸不透卿子冠军打的是什么主意。

宋义不着急行动，项羽着急，忍不住怒言："我要西进，你们不让我去，而叫我北上。今我随军北上，宋义偏偏赖在这里不走。打又不打，退又不退，安的是什么心！"实在无法忍受的项羽气冲冲地去找宋义："将军，秦军现在将赵王困在了巨鹿城，我们奉命援救，应该迅速渡河发起进攻。赵、楚两军内外夹击，秦军必败。时机稍纵即逝，您怎么还不出兵呢？"

宋义看是项羽，暗自撇了撇嘴，甚是不屑，但还是摆出一副和蔼可亲的面孔："贤侄，你所言差矣。牛虻厉害不？叮得老牛毫无办法。可是这么厉害的牛虻，偏偏就拿虮子虱子没办法。秦国好比牛虻，赵国好比虮子虱子。秦国想一口气拿下赵国，哪那么容易啊？我之所以命令大军驻扎在这里，就是为了等待时机。如果秦国胜了，必然士卒疲惫，我就乘他疲惫的时候打过去。如果秦国败了，那更好了，我直接引兵西征，一举灭掉秦朝。这就叫以逸待劳。冲锋陷阵，我不如你；运筹帷幄，你不如我。这仗该怎么打，你就不用操心了。"跟项羽这边客客气气地说完，宋义转过脸去就阴沉地对亲兵下令："传我的命令，今后凡是有对将士凶猛如虎、对上司违逆如羊、对财物贪婪如狼、倔强不听指挥的，斩！"

锣鼓听声，说话听音，这道命令明显就是专门冲项羽来的。项羽平素性格暴躁，对手下张口就骂，抬手就打，对宋义也是一点不服气，不听指挥。宋义此刻正是指着和尚骂贼秃，说项羽的不是。言下之意，要是项羽再有意见，就要他的脑袋。

项羽知道，只要找到借口，宋义真的敢杀他。于是，他决定先下手为强。

第二天一早，宋义擂鼓聚将，在帅帐内开早会。见诸将到齐，宋义清了清嗓子，刚准备说话，只见项羽突然抽出宝剑，带着呼呼的风声扑到宋义面前，举剑就砍。剑光一闪，宋义的头颅咕噜噜滚落在地！

诸将惊叫声一片，个个呆若木鸡。帅帐内的空气仿佛一下子凝固了。项羽冷笑一声，抓住宋义的头发，将头颅提起，对诸将高声说："大家不必惊慌。宋义与齐国密谋反楚，楚怀王秘密令我来锄奸！"

项羽一手提人头，一手提宝剑，眼里凶光四射，身上杀气四溢。诸将全被项羽震慑，没有一个敢出声质疑，异口同声地说："当初扶持楚怀王上台的，是您项将军一家。今天您诛杀这个叛逆，这是您的家事，我等不敢干预！"在一片恭维声中，项羽暂时代理上将军之职。

手握兵权的项羽当即派大将桓楚给楚王熊心送信，名为汇报事件经过，实为向熊心讨要正式任命。熊心听说宋义被杀，顿觉晴天一声霹雳，几欲昏倒。他心中暗暗念叨：完了，全完了！寡人所托非人，才脱虎口，又入狼窝。天意如此啊！

无奈之下，熊心正式拜项羽为上将军，授予印信。但是，趁自己说话还有点力度的时候,熊心还是给项羽设置了点障碍。除了当阳君英布和蒲将军这两员大将没办法调走,其他将,按照熊心的命令,全都不归项羽管辖。因此,此时项羽能够任意调动的兵力只有五万。

项羽心里却是做了另外的打算:楚国是自家的地盘。楚怀王、卿子冠军都不作数,还不都是要听他项羽的。若是谁敢不听,他杀了那人便是。

虽然已经站在了权力的巅峰,但是项羽的能力足不足,还需要实战来检验。不管是出于何种考虑,奉命救赵的项羽已经不能回头了。

项羽军,五万。

王离军,二十万。

一比四的军力悬殊,制造了一场史上著名的疯狂一战。

巨鹿一战成名

被王离困在巨鹿已经数月之久，赵王歇绝望了，张耳也绝望了。面对城池残破、将士疲惫、人心惶惶的惨况，赵王歇和张耳动摇了，继续坚守下去还有什么意义呢？

就在这紧要关头，项羽来了。

项羽首先拨给当阳君英布和蒲将军两万人马，让两人率领大军队渡过黄河，专门破坏王离军的运粮河道。

打仗，打的就是钱粮。王离统率二十万大军，如果让他们吃饱喝足，对兵力过少的各路诸侯来说，绝不是一件好事。而一旦粮草供应不上，王离军必会士气低落、军心不稳，这就要好对付多了。

英布和蒲将军也都是当世猛将。他们渡过黄河后，在章邯开挖的河道两岸神出鬼没，各种手段无所不用其极，彻底破坏了王离军的粮草供应，断了王离的粮道。

自从有了漕运河道，王离军就没再注意囤积物资。漕运一毁，围攻巨鹿的秦兵开始饿肚子了。暂时性的粮道断绝并不能使王离退却。王离相信章邯不会坐视不管，自己只要安心对付巨鹿就行了。

章邯得到报告，果然立即派人追击楚军。英布和蒲将军不愧是项羽麾下的猛将，不仅牵着章邯军的鼻子走，还屡屡进攻得手，逼得章邯军频频后撤。

秦二世三年（公元前207年）十二月，项羽得知英布和蒲将军顺利执行了预定战略、王离军已经断粮之后，立即挥师渡过黄河。军队刚刚成功登岸，项羽就传下一条十分决绝的命令：把渡船全部凿沉，饭锅全部打破，每人只准留三天的口粮。

采用"破釜沉舟"这个对自己够狠的办法断绝了包括自己在内的楚军的后路，项羽成功地使士兵们由骄奢陷入绝望，又因为绝望而变得凶狠。

三万人马一个不留，在项羽的率领下全军出击，杀向巨鹿。

正所谓置之死地而后生。在没有后勤可做保障的情况下，楚军没有了侥幸心理，只能选择拼命。三万楚军气壮如山，带着绝望的眼神，挥舞着泛着寒光的兵器，怒吼着冲向王离军，如同虎入羊群一般疯狂砍杀。

百战百胜、兵骄将傲的北方军团已经很多年不曾见过如此凶残的对手。横的怕愣的，愣的怕不要命的。王离军越打越混乱，越打越恐慌，越打损失越惨重。

就这样，项羽军与王离军九战，连战连捷。秦军主帅王离被俘，副将苏角被杀，另一名副将涉间在楚军包围之下不肯投降，自焚而死。

项羽军在战场上奋勇冲杀的时候，"巨鹿围观团"主要人物陈馀、臧荼、田都、张敖等人继续保持围观，看着三万楚卒以螳臂当车的勇气追杀二十万秦军。这些人看得都呆了：三万打二十万，人少的追着人多的杀。此仗简直是惊世骇俗。几员大将争先恐后地下命令，围观了数月的援军们如山崩地裂般冲了出来。那真是，人如杀神再世，马如挟翼重生，矛似蛟龙出水，刀似猛虎带风。

巨鹿之战，战果是辉煌的。项羽以少打多，一举影响了秦末历史走势，在中国战争史上留下了又一次经典战役。

战争结束后，项羽端坐中军大帐，传令召见各路援军将领。诸将战战兢兢地来见项羽。没等进项羽的帅帐,刚到军营就全跪倒了,膝行至项羽面前,头都不敢抬,趴在地上大气都不敢喘。

项羽本来心里有气,可是一看见诸将这副服服帖帖的模样,他又高兴起来,把大伙拉起来好言安慰。自此以后,天下诸侯、大将都尊项羽为上将军,服从项羽统帅,甘做项将军的马前卒。

巨鹿之围已解,赵王歇在张耳的陪同下走出巨鹿城门,两个人不由得同时长出了一口气。赵王歇向赶来救援的各路人马表达了谢意,尤其是对项羽致以最崇高的感谢。

在各路将领之中,张耳一眼就把陈馀盯上了,怒冲冲地把陈馀拽到一边,质问陈馀为何忘了兄弟之情。

陈馀面有愧色,声言自己不是不想救他,而是心有余而力不足。

但张耳却一声冷笑,大骂陈馀不是东西,质问他是否把张黡和陈泽害死了。陈馀觉得自己冤枉,也忍不住火了,掏出将军印绶,往张耳怀里一推,干脆辞了将军一职。

张耳一愣,觉得兄弟二人闹成这样挺没意思,赶紧把印绶推了回去,坚决不收。陈馀也不好意思就这样顺手再揣回去,先把印绶放在一边。两人之间充满火药味的紧张气氛也因此有所缓和。说来也巧,就在这时,精神放松了的陈馀内急憋不住了,急急忙忙跑去小解。

事情毁就毁在陈馀这趟小解上。本来,陈馀虽然说不干了,但是他料定张耳不会这么绝情,交出印绶的举动只不过是自我表白的一个方式。张耳也确实不好意思就把印绶收了。他知道陈馀不出兵确实是有难处,也知道陈馀不至于把张黡、陈泽杀了。男人之间有了矛盾经常会大吵大打,但是吵过打过之后往往就没什么事了。偏偏陈馀这时候去解手了,张耳身边还有一个小人在场。这个小人是张耳的一个门客,他看陈馀出去了,连忙低声对张耳说:"相国,古人云'天予不取,必受其咎',这印绶又不是您要来的,是陈馀自己交出来的,你若是不收,恐怕有违天意啊!赶快收起来,还客气什么?"

圯上授书　明　李在

蕭何終

张耳本来心里就有气，听了门客的话，心想也对，立刻把将军印挂脖子上，当场派人去收编陈馀的队伍。陈馀解手回来，没想到张耳竟真的收自己的兵。一句话没说，陈馀掉头就走。

从此以后，张耳独揽赵国军政大权，陈馀则带着跟自己要好的数百将士呼啸于山川河泽之中，以打猎捕鱼为生。

生死之交的张耳、陈馀，从此成了不共戴天的仇敌。

章邯战败，胡亥难坐江山

章邯败了。这次失败，对于章邯来说是第一次真正的战败。这第一次失败的后果，对于章邯而言实在是生命不能承受之重。

自从巨鹿之战秦军大伤元气之后，秦军士气低落。当时，章邯军队驻扎在棘原（今河北平乡南），诸侯联军驻扎在漳河之南。两军对峙，暂时停战。

章邯坐得住，胡亥却坐不住了。

他不管章邯有什么战略意图，只知道现在有人造反，他这个皇帝当得不安稳。因此，胡亥接连派使者斥责章邯。章邯也是胡亥身边的宦官出身，属于近人，知道胡亥的驴脾气上来不讲半点情面，就连兄弟姐妹都杀，更别说他这个外人。于是，章邯派长史，也就是他的秘书司马欣去咸阳跑关系，疏通疏通。

此时赵高已经坐稳了丞相位。要见胡亥，先得见赵高。司马欣求见赵高，赵高则闭门不见，不听解释。司马欣一看这情形，知道事情不妙，一刻也没停留，掉头就跑。他也是够机灵的，没敢顺原路返回，特意绕了个弯路。司马欣此举可谓有先见之明，他逃走没多久，赵高就派人去抓他，幸亏他绕道而行，捡了一条命。

司马欣一溜小跑跑回军中，拉着都尉董翳向章邯报告："现在是赵高当权。赵高是什么人？嫉贤妒能之辈，最怕别人爬到他上头。有他在一天，您仗打输了肯定掉脑袋，这您也知道；可是仗打赢了，您还是肯定掉脑袋，这您也能想明白。何去何从，您好好考虑一下吧。"董翳更是直截了当，劝章邯背秦降楚。

这时候，陈馀不知道从什么途径知道了赵高要害章邯，大概是为了最后给赵王尽一份心吧，给章邯写了封信。信是这么写的：

章将军，秦朝以前有一位大将白起，南征楚国，北坑赵卒，攻城略地，立下战功无数。结果呢，竟然被赐死了。白起的事是以前的事，略去不谈。再说蒙将军北逐匈奴，在榆中（今甘肃榆中）开地数千里，功劳不小，结果竟然被斩首了。这都是他们立下的功劳太多太大，秦王已经拿不出相应的封赏了，所以就找借口除掉。

将军您挂印出征也三年了，十万余将士血溅沙场，换来的却是诸侯越打越多。秦朝赵高当道，嫉贤妒能，阿谀奉上，弄出这么大个乱子来。他也怕秦二世迁怒于他，所以就想拿您做替罪羊，换其他人来平乱，好给自己脱罪。将军领兵在外的时间太长了，跟朝廷里的人越来越疏远，谁能帮您出头？赵高要害您，又没人帮您说话，您是有功也得被杀，无功也得被杀。您就这么等死吗？

现在是老天要让秦朝灭亡，连傻子都知道。将军您现在是在内不得直言进谏，在外将成亡国之将。您独自支撑这种危局，多么悲哀啊！

依我看，将军何不跟诸侯订立盟约，掉头推翻暴秦，占一块地盘称王呢？这不比负隅顽抗而遭杀头之祸、妻儿老小都不能幸免强多了？

章邯接到信后，看了一遍又一遍。信上说的是句句在理，由不得章邯不考虑，但是他还是拿不定主意。原因就在于项羽军中许多人原来是陈胜的属下，而车夫庄贾就是在他章邯的诱惑下害死陈胜的，项羽的叔叔又是死在他章邯手里，这深仇大恨能轻易化解吗？

思来想去，章邯决定先试试看，于是派了个心腹去见项羽求和。

项羽当场予以拒绝，并且先派蒲将军兵渡过三户津（今河北临漳西），侧攻秦军，自己率军进击，在汙水（今河北临漳西）大破秦军。

章邯本来就没心思打仗，这一战败更着急了，再派使者诚心诚意地要求结盟反秦，求项羽给他一个重新做人的机会。

项羽之前拒绝和谈其实纯粹是为了立威。他虽然打败了王离，但是还没真正与章邯交过手。如果这时候就同意结盟，日后章邯未必肯听话。但是也不能非要消灭章邯。伤敌一千自损八百，而且项羽还急着打咸阳，不想耽误时间，加之此时正值青黄不接的春季，军中粮草不足，不利久战。所以，项羽本来就是要先通过胜利让章邯服气，让诸侯服气，然后再和谈。现在时机成熟了，项羽召集众将开会，征询众人的意见，是否接收章邯。然而，项羽决定的事谁敢反对？况且能不打仗当然更好，于是，众将举双手赞成。

秦二世三年（公元前207年）六月，项羽选了个大吉大利的日子，在洹水（今安阳河）南岸举行隆重的受降结盟仪式。盟誓过后，章邯这才放心地来到项羽军中见面。一见到项羽，章邯号啕大哭，把自己追杀起义军等罪行全部推到赵高身上，对自己的"糊涂"真情忏悔，又哭诉了赵高对自己的迫害。

这都是逢场作戏，项羽哪会不明白。对坐在他这样位子的人来说，权力才是最重要的。为了权力，一切情义都可以不是情义，一切仇恨也都可以不是仇恨。所以，项羽没计较章邯杀死自己叔叔的事，反而很痛快地封章邯为雍王，带在自己身边。然后，项羽封司马欣为上将军，带领归顺过来的秦军做先锋，其实也就是敢死队。反正秦军不是他项羽的嫡系部队，死多少他也不心疼。

赵国之围彻底解决，章邯军变成了自己人，该是赶紧去打咸阳的时候了。

项羽一声令下，大军拔营启程，剑指咸阳城！

指鹿为马，二世而亡

章邯跟项羽手拉手做了好朋友，大秦王朝最后一支成规模的抵抗力量就这样消失了。

亡国之祸就在眼前，而赵高与胡亥却还活在自己的世界里。

自从摇身一变当了丞相，赵高觉得眼前的路越走越亮。在这之前，在赵高巧言哄骗之下，胡亥开始不与群臣直接见面，希望通过这种方式树立威严形象。这样一来，一切奏章的呈递和政令的传达都要经过赵高之手，使赵高轻易就能蒙蔽胡亥的视听。现在赵高又成了当朝丞相，权势遮天，不免产生了取而代之的想法。

为了验证自己的影响力，也为了进一步蒙蔽胡亥的视听，这一天，趁着胡亥在园子里玩，赵高牵了一头鹿走了进来，说："皇上，我有一匹好马，特来献给您。"胡亥虽然是个糊涂虫，但是鹿和马总还认识，当即说："丞相，你糊涂了吧？这明明是头鹿，你怎么说是马呢？"

"皇上，这确实是匹马。"赵高非常肯定地说。

胡亥乐了，对左右近臣说："丞相真能说笑话。大伙说说，这是马还是鹿？"

这些近臣里，有想献媚赵高的，急忙连声说"是马"；有不想欺瞒皇上又不敢得罪赵高的，一声不吭；有几个人忠于胡亥，不肯附和赵高的，直言"是鹿"。赵高在一旁看着，把直言的这几个人一一记在心里，回头分别找了借口，或下狱，或杀头，收拾了一遍。

纵观中国历史，像赵高这样敢在光天化日之下如此戏弄皇帝的，可以说绝无仅有。就是历朝著名的有兵有权又有野心的权臣，也没有谁做出过与"指鹿为马"相仿的事。由此可见赵高是何等的猖狂。

群臣一看，赵高果然心狠，一旦得罪了他，必遭报复。人人自危之下，为求自保，再没有人敢跟赵高对着干。胡亥身边从此也没人敢说赵高的坏话，更没人敢说赵高不想让胡亥听见的话。

就在赵高耍弄胡亥不亦乐乎的时候，项羽收了章邯，开始向咸阳进发；刘邦也走在了半路上；燕、赵、齐、楚、韩、魏都已经自立为王，自函谷关以东的地方基本上都背叛了秦朝。

赵高为了避免胡亥亲自出来理政，一直哄骗胡亥说："没有什么起义军，都是些盗贼，没什么本事，很快就能剿灭。"可是现在起义军势力越来越大。尤其刘邦，已经派使者跟他秘密接触，鼓动赵高帮助他进咸阳了。由此可见，天下反秦的形势已经达到了烈火燎原的程度。

纸已经包不住火，赵高心里恐慌了，他害怕胡亥知道天下形势已经不可收拾，害怕胡亥知道有反贼前来策反他，吓得连皇宫都不敢进，称病不朝。

躲在家里的赵高知道胡亥早晚也不会放过他，于是把心一横，动了杀机。他把弟弟赵成、女婿阎乐找来商议对策。他把责任都推在胡亥身上，生气地说："胡亥不听忠言，导致现在局势危急。可是他居然要把责任都推到咱们家头上。咱们可不能让他这么办啊，那可是灭族之罪。我打算把胡亥杀死，让子婴做皇上。子婴仁慈节俭，威望高。咱们立他，肯定能得到大家的支持。"

赵氏家族中赵高是主事的，别人都听他的。他这么说，赵成和阎乐哪里会有反对意见。当即，赵高分兵派将。赵成当时是郎中令，掌守卫宫殿门户，赵高就让他做内应；阎乐当时是咸阳令，手下管着不少人，赵高就让他负责闯进皇宫杀人。

秦二世二年（公元前208年）八月，正是丰收时节。

深更半夜，月色凄迷。

望夷宫内夜色深沉。

"抓贼啊！"

突然，一声喊叫划破了静谧的夜空。

咸阳令阎乐杀气腾腾，带着千余人冲到望夷宫门前，将看守宫门的卫队队长绑起来，厉声质问队长为何不阻止贼人。

队长很委屈，只是回答，皇宫大内十步一岗、五步一哨，根本不可能有贼。

阎乐只不过是要一个进宫的借口罢了，根本不听分辩，一刀砍死队长，带着队伍一边四处放箭一边往宫里闯。宫里值班的大小宦官、警卫有的四散奔逃，有的拿起武器作殊死搏斗。阎乐人多，准备又充分，一路杀了数十人，根本没人能顶住他的进攻。没多大一会，阎乐就杀到胡亥寝宫前，同赵成一起闯了进去。

胡亥早已经被外边的喊杀声惊醒，听见有人进来，连忙翻身坐起。阎乐见状，冲着胡亥的床头射出一箭，先来个下马威。胡亥见是阎乐，立即明白这必是赵高的指使。暴怒，连声呼喝侍卫，叫人拿下阎乐，胡亥喊了好几遍，屋里的侍卫根本吓得不敢动，都躲得远远的。

阎乐"腾腾腾"几步走上前来，就要杀了胡亥。

胡亥不想死，跪地求饶，号啕大哭，希望见丞相一面。

但阎乐哪肯，立刻命令士兵上前，大有胡亥自己不下手就直接砍死之势。

胡亥绝望了。他鼓起最后的勇气，了断了自己二十四岁的年轻生命。

胡亥死了。赵高召集群臣，公布了自己"除灭暴君"的义行，宣布拥立子婴。

赵高说:"秦国当年本来就是诸侯之国,始皇统一天下,这才称皇帝。现在六国都复国了,秦国的领地与以前相比还更小了。这种情况下,再称皇帝就不切实际了,是不可以的,只能称王。"他自行做主,以庶民之礼把胡亥埋葬在杜南宜春苑(今陕西西安东南曲江池南岸),立子婴为秦王,让他在太庙斋戒五日之后接受诸侯王的印玺。封建大一统的秦王朝就此宣告灭亡。

就在斋戒的日子里,子婴与两个儿子秘密商议,认为赵高之所以立他为王而不自立,是因为赵高杀了胡亥之后怕被群臣诛杀,假借"除掉暴君,更立贤君"的借口让子婴先坐在这个位子上。据子婴得到的小道消息,赵高已经与楚国秘密约定,以彻底除掉秦国王室为条件换取封其为关中王。根据这个消息,子婴认为赵高让他在太庙斋戒,是为了找机会害死他。

正所谓"先下手为强,后下手遭殃"。子婴决定装病,趁赵高来探病的时候将其除掉。赵高果然上当。听说子婴生病,尽管是装模作样,出于臣子的礼仪,他还是来看望子婴了。看见子婴,子婴突然动手,将赵高刺死,然后诛其三族。

奸贼终于被除掉了,子婴顺利登上了王位。

盲目打江山,遭遇山大王

秦二世二年(公元前208年)十月,项羽在宋义手下为了生存和权力挣扎的时候,刘邦向着咸阳出发了。

这是刘邦加入项氏叔侄阵营之后,第一次摆脱了项家的控制,独当一面展开军事行动。这时刘邦的心情格外好。当年在项梁手下当小弟,如今已是武安侯。若得西进咸阳,成为关中之王,夫复何求?

刘邦的既定进军路线,是经砀县(今河南永城芒山西麓),过城阳(今山东鄄城北部),从黄河之南向咸阳挺进。

一路上,刘邦军打了几场小胜仗,补充了些许兵力。第二年春,刘邦打到了昌邑县(今山东昌邑),结识了从当地走出来的豪杰——彭越。

对于刘邦来说,遇到彭越是他人生中的重要时刻。但对于彭越来说,遇到刘邦算他倒霉——当然,这是后话。

彭越,字仲,是昌邑本地人,原本以捕鱼为生。适逢秦末,秦始皇和秦二世横征暴敛,捕鱼已经不能养家糊口,彭越带着一些渔民跑进深山老林里当强盗。这种工作属于无本买卖,一般半年不开张,开张吃半年。彭越在山大王的位子上兢兢业业干了好几年,得到了大伙的一致拥戴。

陈胜吴广起义后,各路诸侯起兵。有人劝彭越出来带着大家干事业:"天下豪杰相继崛起反抗暴秦,您也拉出队伍得了,我们愿意跟着您干。"彭越微微一笑:"两条龙斗得正凶呢,先看看形势再说吧。"

过了一年多,天下反秦之势轰轰烈烈,深山老林里的各路年轻强盗们眼红心热,积极响应,组织了一百多人,准备参与反秦大业。

要干大事,没有带头人不行。当地只有彭越在圈里是标了名挂了号的头面人物。年轻的强盗就投奔了强盗头子彭越,非要彭越当他们的领袖不可。彭越一摆手却不屑与这些年轻人为伍,但这些年轻人却非要以彭越马首是瞻。

彭越本来心里也是有点犹豫,又想反秦,又怕反秦,心里在开着辩论会呢,现在被众人一再相请,反秦之心占了上风,当即答应下来,与众人设坛祭拜,举行聚义仪式。

就在这时候,刘邦带着大队人马来打昌邑。彭越得知消息,立即率人马前去协助。彭越的起义军这时候还是野路子,急需要找一个靠山,这是彭越出手帮助刘邦的主要原因。

刘邦奉命西进,手底下人不多,才几千人马,大部队都去救赵了。彭越的人更少,千把来个。两人加到一起打昌邑,结果是做了场无用功,没打下来。

昌邑攻不下,彭越来跟刘邦道别。他为什么不跟着刘邦呢?

第一,刘邦是奔咸阳去的。此去咸阳山高路远,说不准有多少恶仗要打。彭越才千把来人,可不想把这点家底给刘邦挥霍。

第二,彭越跟刘邦合作之后,发现刘邦的队伍少兵缺将,混得也不怎么样。跟凤凰同飞是林中俊鸟,跟老虎同行是百兽之王。要是跟乌鸦同飞,是混不出头的。彭越没有能掐会算的本事,也不会看人,觉得跟着刘邦没什么奔头。

第三,天下反秦的形势愈演愈烈,随便起来一个人,敛上万来人,就能据地称王。彭越的志向不小,有积攒实力称王称霸的打算。

所以,彭越拉着队伍到巨野(今山东巨野)招揽魏国溃卒去了。

与彭越分别之后，刘邦不死心，跑到粟县（今河南夏邑）弄到四千多人，统共不到一万人马，又请来魏国的一支队伍帮忙，回来再打昌邑。也不知道当时昌邑的守将是谁，硬是遭受两次进攻他都扛下来了。

昌邑实在是打不下来，刘邦不敢耽搁。他知道自己现在实力有限，准备带着队伍一路打打停停。能打下来城郭就收着，打不下来就继续走。从刘邦西进过程中的整个行进路线来看，他就像是一只无头苍蝇，在中国地图上四处画圈，忽东忽西，忽南忽北，飘忽不定。

带着不较劲儿的想法，刘邦放弃昌邑，画了一条华丽的弧线，奔高阳（今河南杞县西南）而去。

郦食其的犀利分析

秦二世三年（公元前207年）二月，带着进攻昌邑失利的惆怅，乘着尚有寒意的春风，刘邦一路西行，路过高阳。在高阳休整队伍的时候，一位老者走进军营。

这老者姓郦，名食其，魏国高阳人，周朝陈留侯的后人，是个儒生。虽然祖上富贵过，但是到了郦食其这一代，别说封地早就没了，家道也破落不堪。博览群书的郦食其生不逢时，一直活到六十岁，都没遇上发家致富的机会，勉强在当地谋了个里监门的小差事糊口。虽说职低位卑，除了高谈阔论不会别的营生，可是老郦头人穷志不短，马瘦毛不长，狂得在县里都出了名挂了号，再加上他爱喝酒，嗜酒如命，人称其为"高阳酒徒"。就因为这个，衙门里的人根本不敢使唤他，成天像养老太爷一样养着。

别人不用郦食其，郦食其也看不上衙门里这点烂差事。他觉得自己这一肚子学问不能带进土里，总得找一个可托付的主公，干一番大事业。

说来也巧，刘邦的近卫军里有一个人正是高阳人，跟郦食其还认识。赶上大军驻扎在高阳附近，这位老乡请了假，回家探亲。刘邦这时候是思贤若渴，经常问身边的人在老家有没有人才。郦食其早有耳闻，连忙去找小老乡，表达了自己的投靠之意，请老乡帮忙引荐。怎么自我引荐呢？郦食其告诉老乡："千万别说我想见沛公。你没事的时候就当闲聊，就说'我老家有个姓郦的儒生，六十多岁，但是身子骨结实，身长八尺。别人都说他是狂生，他自称不是狂生'。你就这么说吧。"

老乡很为难："老爷子，您还是别费劲了吧？您不知道，我家沛公最讨厌的就是儒生。凡是有戴着儒生的帽子来见沛公的，沛公就立刻把人家的帽子拽下来，往里边撒尿；跟他们说话的时候也是动不动就破口大骂。我看您就别触这个霉头了吧！"

郦食其一皱眉："我让你这么说你就这么说，怕什么呢？"

老乡没办法，回去之后就照着郦食其交代的说了一遍。然而，平时最讨厌儒生的刘邦偏偏就对郦食其有了兴趣，立即派人去请。请是请了，刘邦对郦食其也没重视，一边等，一边坐在床上，让两个侍女打洗脚水给他洗脚。郦食其兴冲冲赶来，刘邦就这样洗着脚接待他。

要是一般人，哪敢跟刘邦挑这个理。郦食其可不是一般人，他非但没有甩袖而走，反而上前象征性地作了个揖，开口就问："足下此来，是要帮助秦国打诸侯呢，还是要帮着诸侯打秦国呢？"

刘邦是真不客气，开口就骂："竖儒！"竖儒，就跟现在骂别人是"混蛋"一样，是当时典型的脏话。紧接着刘邦就说了："天下苦秦久矣，所以诸侯团结一致奋起反抗。你竟敢说我帮着秦国打诸侯，你这是在侮辱我！"

郦食其阴阳怪气地嘿嘿一笑："您也知道您是来反秦的呀？推翻秦朝岂是说说而已？难道不是应该聚合民众、召集义兵来一起干这事吗？有您这么倨傲无礼地接待长者的吗？是我侮辱您还是您侮辱我呀？您这不是把人才都往秦朝那推吗？这不是助秦，难道还是攻秦？"

刘邦挨了一顿批，立即改正错误，穿戴整齐，将郦食其请到上座。就这样，宾主双方在友好的气氛下，就当前国内形势进行了广泛而深入的探讨，并取得了多项共识。

行家一出手就知有没有。听郦食其这一番纵论天下，大谈战国七雄合纵连横之道，刘邦知道自己是真遇上人才了，当即请郦食其吃饭。一边吃，刘邦一边问自己该怎么办。郦食其当即说："您目前不过是纠集了一帮乌合之众，收纳了一群残兵败将，手下不满万人。凭着这些人就想打秦国，等于是把脑袋伸进老虎嘴里。您现在最要紧的是赶紧提升实力。而要达到这个目的，眼前的陈留（今河南开封东南）就不能不取。陈留地处天下要冲，是四通五达（义同四通八达，五达指东西南北中五方）之地，城中粮草充足。我跟陈留县令关系不错，如果您同意的话，我可以替您出使陈留，劝他投降。如果他不降，我做内应，您领兵从外攻，夺取陈留也就不难了。"

听了郦食其的话，刘邦高兴不已，马上依计而行，果然占领陈留。陈留是个大城，也是刘邦到目前为止自己打下来的最大的一座城。这对于刘邦来说意义格外重大，既鼓舞了士气，补充了给养，也提高了知名度。

郦食其帮助刘邦占领了陈留，他的弟弟郦商得到消息，也带着四五千人来投奔了。这一下，刘邦的军力增加了不少，怎么说也是个"万员户"了。大喜之下，刘邦封郦食其为广野君，专门负责外交工作；封郦商为将，统帅陈留兵，跟自己一起去抢地盘。

当初刘邦带着张良投奔项羽的时候，张良跟项梁借了千余人马，拥立韩国公子横阳君韩成为王，陪着韩王去收复韩国故地。韩王和张良倒是打下了几座城，可回头就被秦军抢回去了。就这样你来我往，今天我打下来，明天你抢回去。韩军人少，张良也不敢碰硬，带着秦军在颍川（辖境相当于今河南登封、宝丰以东，尉氏、鄢城以西，新密以南，叶县、舞阳以北地）兜圈子。

万幸的是，刘邦占领了陈留，带着人马赶来帮忙。张良马上与刘邦合兵一处，大破秦军，终于为韩王取得了一大块稳定的地盘。

韩王韩成非常高兴,在刘邦再度启程之时,命令张良带着大队人马为刘邦送行。说送行,是为了怕项羽挑理,实际上就是让张良协助刘邦打咸阳。

眼看着自己的实力一天天壮大,函谷关已经近在眼前,咸阳城仿佛唾手可得,而最具竞争力的项羽还在跟章邯对峙,刘邦做梦都笑出声来。

第四章

楚霸王与汉中王

大破咸阳城

刘邦四处乱撞，运气不错，实力日渐强大。估算着日子，分析着形势，他迫不及待地要兵发咸阳。

进咸阳最短的路就是从函谷关（今河南灵宝王垛村）直接打进去。但是，刘邦是绝对没有这个实力的。

函谷关是中国历史上建置最早的雄关要塞之一，素有"冲要无双"之称。秦国扫平天下之前，函谷关一直是秦国一大门户，就算在秦朝建立后也是拱卫咸阳的东大门，因此备受秦国重视。函谷关城墙坚固高大，地势险要，绝不是现在只有两万虾兵蟹将的刘邦可以觊觎的。因此，刘邦的战略是，绕过函谷关，从武关（在今陕西商洛丹凤县东武关河的北岸）、峣关进抵咸阳。

秦二世三年（公元前207年）八月，刘邦留韩王守阳翟（今河南禹州），带张良等人先克下宛（今河南南阳），准备直扑武关。

这时，赵高已经害死了胡亥，秘密派人来跟刘邦谈判，愿意开关让刘邦进咸阳，但是条件是刘邦封他做关中王。赵高为人老奸巨猾，贪得无厌，刘邦根本信不过。再说，刘邦如果进入咸阳，按照怀王立下的约定，关中就应该是他的地盘。把关中给赵高，他刘邦岂不是白白辛苦，为他人做了嫁衣？于是，一半是因为不信任赵高，一半是因为赵高无耻抬价，刘邦对赵高的请求不予理睬，执意要打武关。双方谈判破裂。既然如此,那就没有什么好说的了,武关再难打也要把它拿下。

武关虽不如函谷关险要,但也是关中咽喉,重要性不言而喻。但这座雄关还是被刘邦攻克了。

接着,大军又轻取峣关。

刘邦攻破峣关之后,先于各路诸侯赶到咸阳,驻军于灞上(今西安东,因在灞水西面高原上得名),派人向秦王子婴下书,以保证人身安全为条件,要求子婴投降。

刚刚在王位上坐了四十六天的秦王子婴环顾四周,内无可用之将,外无救亡之兵。一声叹息过后,他乘坐白马素车,自缚出城,携皇帝印玺向刘邦投降。

刘邦军中有不少人深恨秦国,建议刘邦将子婴杀掉。刘邦坚持要展示自己宽容仁慈的一面,想展示仁义之师的风采,想安抚秦人的情绪。因此,他力排众议,接受了子婴的投降,将子婴交给属下看管,自己则率军直入咸阳城。

从秦始皇称帝以来,秦朝历经两帝一王,是中国历史上最短命的封建大一统王朝。至子婴出降,秦的统治就此彻底宣告结束了,一个新的王朝即将来临。

咸阳城是秦国财富的聚集地。刘邦军一进城,就被那无尽的财富晃花了眼睛。人人都陷入了疯狂之中,人人都开始了贪婪的抢劫和掠夺。只有从沛县起义就一直跟随刘邦的萧何与众不同。别人抢金银,抢珠宝,抢女人,萧何抢的是秦国丞相府和御史府内的律令图书、户籍、地图。这些珍贵资料在日后刘邦大战项羽、治理国家时派上了大用场。

对于属下的疯狂抢劫行动,刘邦没有制止,也无法制止。就连他自己,当平生第一次走进一座皇宫的时候,也变得疯狂起来。

贤成君樊哙,刘邦手下屠狗辈出身的将军,后世常因其粗豪勇敢而将其误解为一个莽夫,很少有人知道他隐藏在莽夫外表下的睿智。对刘邦的堕落,樊哙看在眼里,急在心头。他苦劝刘邦放弃这种骄奢淫逸的生活,立即出宫主持工作。张良也劝刘邦以大局为重,莫被暂时的安逸冲昏头脑,莫忘记脾气暴躁的项羽的威胁,赶紧撤回灞上。

听了樊哙、张良的先后劝说,刘邦沉吟良久。一边是眼前的神仙般的日子,但是享受之后肯定凶多吉少;一边是不可预知的未来,可能大富大贵,也可能迅速败亡。如何选择?最终,刘邦还是寄希望于未来,带着几分不舍走出了皇宫。他把宫中的金银财宝全部封存起来,没敢私藏,准备等诸侯聚齐再作打算,自己则带着士兵返回灞上。

虽然名义上暂时还不能做咸阳的主人,但是刘邦没有就这么放弃。他以临时占领者的身份,把关中诸县能说了算的地主、豪强、乡老召集到一起商议大事。

在会上,刘邦大声说:"诸位父老乡亲,你们受秦朝严刑峻法之苦太久啦!秦朝的严刑峻法诸位也都知道,诽谤朝廷和皇帝的,要族诛;就连两个熟人见面说句悄悄话都可能被砍头。现在咸阳被我占领,秦朝已经灭亡了。我起兵的时候,跟诸侯有约,谁第一个占领咸阳,谁就做关中王。我侥幸占了先,那么将来关中这块地方就是我的地盘了。我不像秦朝那么霸道。今天,我跟你们约定,我订的法律就三条:杀人者,死罪;伤人者按情节轻重论罪;盗窃、抢劫者按情节轻重判刑。这些都按照秦朝原本的规定来。其余的,所有以前秦朝规定的法律,全部废除!所有官吏职位不变,即刻履行职责,百姓们请安居乐业,不要恐慌。总之,我到这来,是要为父老们除害,不是来侵犯你们的利益的,所以请不要害怕!我现在把军队撤回了灞上。等各路诸侯到来,我们再共同制订规矩,然后我再来领导大家共建关中!"

听说刘邦免除严刑峻法、苛捐杂税,关中百姓欢呼雀跃,纷纷杀牛宰羊，载歌载舞地到灞上犒军。

现在百姓们就担心一个问题：大伙好容易摊上这么一个好大王，等诸侯来了，可千万别不让他当咱们的王啊！于是乎，千家万户日日祈祷，盼着刘邦能在关中站住脚。

刘邦有心在关中为王，老百姓也拥护。可刘邦眼大肚子小，说了不算。他想当关中王，还得看项羽答应不答应。而项羽的意见只有两个字：休想！

先入关者能称王

就在刘邦与关中父老约法三章受到热烈拥护的时候，项羽在寂寞地挖坑。

巨鹿之战后，王离被俘，章邯投降，项羽获得秦军二十余万人，又带上了四十余万各路诸侯的队伍，号称百万，雄赳赳气昂昂地向函谷关进发。万夫莫开的函谷关，也只有项羽敢打。

项羽率领的诸侯联军中，从将领到士卒，有许多以前都饱受过秦朝劳役和刑罚之苦，受过秦国官吏、士卒的欺负，或者见过这些人的残暴。比如说英布，就是受过黥刑还被抓去做劳役的。大家对秦朝恨之入骨，对秦的士卒当然也没有好感。

项羽派秦军做先锋，本来也没安好心。项羽不待见秦军，手下人就更肆无忌惮。在行军的过程中，联军将士直接就拿秦军降卒当奴隶对待，随便使唤，恣意羞辱。一回两回也就忍了，天天如此，秦军受不了了。人最怕的就是没有归属。这些降卒已经背叛了秦朝，又不被联军善待，时间久了自然生怨。

私下里，项羽军中的秦军就悄悄抱怨，责怪章邯把他们诓骗到项羽这里，但他们的妻儿都在秦国。因为他们的背叛，朝廷必然要杀自己的妻儿，这岂不是得不偿失。

没有不透风的墙。诸侯联军的将军们无意中听到了秦军私下里的抱怨，连忙报告项羽。这可不是小事！岂不是军中出现了要哗变、造反的苗头。一旦处理不好，二十万秦军一同挥戈相向，联军全军覆没都有可能。

项羽又惊又怒，立即把英布和蒲将军招来商议对策。商量来商量去，项羽的最终结论是：不能放任这种随时可能爆发的危机在身边滋长。况且军中没有充足的粮食养这么多人。因此，除了章邯等几个可以留用的秦军将领，其余的秦军必须全部杀掉，坚决不留祸患！

秦二世三年（公元前207年）十一月的一天，诸侯联军在新安（今河南渑池）扎营休息。睡前，秦军降卒突然被收走兵器、盔甲，不由得人心惶惶。这天夜晚，在项羽的指挥下，联军突然向惊疑不定的秦军降卒举起了屠刀，在新安城南将这些降卒三面包围，只留了一条出口。秦军降卒不知道发生了什么事，只知道联军要杀他们。恐惧之下，他们顺着项羽故意留下的缺口疯狂逃窜，哪知道在拥挤和推搡中正好逃进项羽早就命人挖好的大坑。埋伏了半天的联军泼洒下遮天的箭雨，礌石也像冰雹一样砸下。不一会儿，泥土飞扬，大坑被逐渐填满，降卒的最后一声哀鸣戛然而止。曾经纵横了半个中国的二十几万虎狼之师，就这样成为了泥土下的冤魂！

二十几万秦军，就仅仅存活了三个人：章邯、司马欣和董翳。章邯是一代名将，利用价值巨大，且归降有功，是以不杀；司马欣曾经在做栎阳县狱掾的时候因曹咎说情，放了犯罪的项梁，对项家有恩，是以不杀；董翳因为劝章邯降楚有功，是以不杀。

还有一个重要人物，史书没有记载，这个人就是接替蒙恬统帅北方军团的大将王离。王离在巨鹿之战被楚军俘获，自此就再没有出现在史书的记载中。那么，王离得到了什么样的归宿呢？

王离的爷爷是秦国名将王翦，父亲是秦国大将王贲。在秦始皇灭楚的军事行动中，最终就是王翦带着儿子王贲大破楚将项燕率领的楚军。项燕就是在此战役中死亡，不知是兵败被杀还是自杀。项燕正是项羽的爷爷。楚国、项燕均亡于王家之手,项家跟王家可以说有着血海深仇。以项羽的性格,绝不可能饶过王离。因此,王离的结局只有一个:被项羽亲手杀死。当然,这仅仅是猜测。王离的结局到底如何,已经成了不解之谜。

却说除掉降卒这个心腹之患后,项羽心里的一块石头落了地,快马加鞭直奔函谷关。

到了函谷关,只见雄关城门紧闭。项羽派人邀战,却发现函谷关上全是刘邦的人马。虽然是自己人,但是看见项羽来了,守关将士拒不开关放行。

原来,刘邦在灞上驻扎,手下也不知道是哪个谋士,闲着没事找刘邦献计来了:"沛公,关中这块地方太富裕了,简直比天下其他地方强上十倍,而且地势还好,易守难攻。按照当初的约定,这块地方就该是您的。可是我听说前些日子章邯降了项羽,被封为雍王,封地就是关中。要是让他们到了咸阳,这块地方恐怕项羽不会给您。我建议沛公赶快派人去把守函谷关,堵住项羽,不让他进来。同时您再从关中征兵,壮大实力,抵抗诸侯。这样,关中就是沛公您的了!"

这人出了个馊主意。以刘邦的实力,想堵住项羽谈何容易!可是刘邦觉得这个建议相当好,合自己的心意,于是没跟张良等人商量就马上照办了。

项羽在函谷关前听说刘邦已经拿下咸阳,还派了兵在这堵他,气得差点吐血,当即传令,命大将英布立即强行攻关。

函谷关是千古名关,这不假;易守难攻,这也不假。可是再难打的关,也得看是谁来守、谁来打。守关的人是非常重要的,刘邦派去的守关兵将,几乎对项羽没产生一点阻碍作用。在英布等人的带领下,联军迅速破关。项羽杀气腾腾,直奔咸阳而来。

封堵函谷关可以说是刘邦的一个不智之举。项羽原本并没有把刘邦视为对手。他不觉得刘邦敢跟自己分庭抗礼,也不觉得刘邦有这个实力。项羽自认为是灭秦主力，牵制住了秦国最后一支大规模抵抗力量并将其消灭，而诸侯对他也是服服帖帖，又敬又怕，从没人敢对他说半个"不"字。函谷关前的被拒，让自尊心极强、占有欲极强、支配欲极强的项羽尤为愤怒。这个行动过早地暴露了刘邦的野心，让兵微将寡、实力不济的刘邦过早地站在了项羽的对立面。

项羽军兼程而行，很快于十二月中旬抵达戏水，在新丰鸿门（今陕西西安东北鸿门堡村）就地扎营。在项羽军西面，就是驻扎在灞上的刘邦军。两军相距仅约四十里。

项羽此时仅仅是生气，倒没有非要把刘邦怎么样的想法。哪知道不怕没好事，就怕没好人。刘邦手下有个叫曹无伤的人，是刘邦军中的左司马，负责执掌军政，生性趋炎附势，热衷名利，爱攀高枝。曹无伤得知了项羽在函谷关大发雷霆的消息，眼珠一转，肚子里坏水翻涌，当即给项羽写了封信：

项将军，我在沛公军中任左司马之职，发现一些情况。我发现沛公想做关中之王。他没向您请示就擅自做主，封原秦王子婴为丞相，将咸阳的金银财宝全都纳入自己的囊中。我认为沛公这样做是不对的，出于一片赤胆忠心，故而向您汇报。

曹无伤的这封信基本属于诬告，刘邦确实想做关中王，但是没有任何史料证明刘邦封子婴做了丞相，他也没有这样做的理由。而且，根据《史记》的记载，刘邦根本没敢动咸阳宫里的财物。曹无伤之所以诬告，就是想攀项羽这条高枝，得到封赏。

项羽看了信之后，早就暴跳如雷，哪里会去调查信里的内容是否属实？而且，亚父范增早就看刘邦不是久居人下之人，将刘邦视为项羽的大敌，立即趁机对项羽说："我曾经了解过，刘季这人是出了名的贪财好色之徒，听说在老家当亭长的时候，明明有老婆，还养了个情妇，另外跟两个开酒馆的女人也不清不楚，还总欠酒账不还。就是这么一个无赖自从进入关中后，听说就像变了个人一样，也不贪财好色，这不是很奇事吗？由此可见，刘季是故意作秀，野心可不小啊。我曾请人夜观天象，发现刘邦头上有天子才具有的五彩斑斓的龙虎之气。将军应该赶快除掉刘季，以免养虎为患！"

范增为了让项羽下决心杀刘邦，都不惜胡说，竟以刘邦头上有天子气为名，要求项羽击杀刘邦。项羽听了更加着急——刘邦当天子，他项羽作何去？于是，项羽传下军令：今晚饱餐战饭，明天一早随他消灭刘邦！

鸿门宴，安能吃得稳

项羽传下军令要攻打刘邦。

当时项羽有联军四十万，刘邦口挪肚攒，好不容易才积累了十万人马。项羽军是百战精锐，相比之下，刘邦军只能说是乌合之众。四十万精锐对十万乌合之众，怎么看，刘邦也是难逃一死。

也许是刘邦命不该绝。项羽要打刘邦，但另外一个人却不允许，此人正是项伯。

项伯是项羽最小的叔叔。当年项梁惹是生非到处逃亡的时候，项伯也杀了人，逃亡在外。

项伯逃亡的时候，曾经到下邳投奔张良避难，得到了张良的关照。因为这个缘故，项伯很感激张良。他早就听说张良正跟着刘邦，此时听项羽传令第二天要举兵攻打刘邦，心想：大军一出，刘邦军不堪一击，恩公张良恐怕凶多吉少啊！不行，自己得去救他！

想到这里，项伯坐不住了，趁着夜色，悄悄牵了一匹快马出去。遇到巡逻的哨兵，项伯就说出去散心。哨兵们哪敢拦主帅的亲叔叔？一句话也不敢多问就放行了。项伯溜出军营，翻身上马，快马加鞭飞奔到灞上，跟张良讲了事情经过，一边拽着张良往外走，一边说："赶快跟我走，不然你就没命了！"

张良认定了要追随刘邦，哪能不管。他急忙拉住项伯，推说要跟刘邦辞行。稳住了项伯，张良急忙来见刘邦，把项伯的话学了一遍。刘邦大惊失色，连声问该如何是好。张良肚子里憋着火，问："谁给您出的封函谷关这个主意？您怎么就不跟我商量一下？现在项羽要打上门来了，您觉得您这点兵能挡住项羽吗？"

刘邦想了又想，说："肯定挡不住！这可怎么办，你快帮我想想办法！"

张良胸有成竹："别急，现在着急有什么用？这事还得落在项伯身上。您赶紧跟项伯解释解释，让他帮您说说话。好歹他也是项羽的亲叔叔。"

眼下也只好这么办，刘邦赶紧跟张良了解了一下两人的交情，得知张良对项伯有救命之恩，又问了项伯的年纪，当即让张良把项伯请进来，用对待哥哥的礼节对待他。

为了活命，刘邦自然是用尽了讨好姿态，先是敬酒，越说越热络，把项伯说得不知所以然，甚至愿与项伯结成亲家。这样一来，两人成了亲家，刘邦就开始转入正题，再三解释说自己没有二心，恳请项伯在项羽面前说情。

都成了亲家，项伯哪能看着刘邦死？当即拍着胸脯答应帮刘邦说情，第二天一大早，刘邦即带着张良、樊哙，在百余人的护卫下来到鸿门求见项羽。刘邦一见项羽，当即拜倒说："将军！我跟将军合力攻秦，将军在河北，我在河南。没想到，我侥幸先一步入关，得以在这里见到您。现在听说有小人陷害我，说了我的坏话，让将军和我之间产生了误会。我对您是绝无二心啊。我今天特地来见将军，希望您能信任我，千万别听信谣言。"

项羽被刘邦说得老脸一红，立马就把曹无伤卖了："谁说不是呢？都是你的左司马曹无伤对我胡言乱语，要不我哪能怀疑你呢？"就因为项羽泄密，后来刘邦回到灞上，立即就把曹无伤杀了。

项、刘二人尽释前嫌之后，一来两人多日未见，二来项羽也想安抚刘邦,于是挽留刘邦喝酒。一声令下,鸿门大帐里摆下几张桌子,项羽、项伯、范增、刘邦四人分宾主落座,张良作陪。侍者来往不断,顷刻间摆满酒菜。

坐在一边的范增哪有心思喝酒,冲着项羽连连使眼色,示意项羽赶紧动手。见项羽不搭理,他又再三把自己佩戴的玉玦举起来在项羽眼前晃,提醒项羽尽快决断,不要犹豫。

范增的小动作,项羽看得真的。范增是什么意思,他也一清二楚。可是项羽不吭声,装没看见。因为项羽爱面子。这就是项羽性格中的另一大弱点。如果刘邦今天没来见项羽,范增背后再说上二三,项羽肯定发兵。可是刘邦来求饶服软,这种情况下再杀刘邦,各路诸侯怎么看他?天下百姓怎么看他?

范增看项羽指望不上,赶紧出来找项羽的堂弟项庄帮忙。项庄按照范增指示走进帐来,装作为众人助酒兴,提出舞剑。项羽知道项庄葫芦里卖的什么药。他自己不好意思下手,乐得别人来背这个黑锅,立即表示同意。

项庄拔出宝剑,闪转腾挪地舞动开来,一边出招,一边往刘邦身前凑,准备下手。项伯在旁边坐着,发现不对,暗叫一声:不好!我昨晚让刘季今天来请罪,保证说准没事。项庄要是杀了刘季,我的脸往哪搁?想到这,项伯拔剑而起,用自己的身体护住刘邦,跟项庄对舞。项庄哪敢连叔叔一起砍,只好兜着圈子寻找机会。

眼见着项庄不杀刘邦誓不罢休,张良急忙出去找樊哙。樊哙听说沛公有危险,按剑持盾,硬生生撞倒守卫,闯入大帐,睁着两只豹眼恶狠狠地瞪着项羽。项庄看见突然闯进来一条恶汉,吓得赶紧收剑。项羽也吓了一跳。项羽本来是跪坐在那喝酒看戏,樊哙这一闯进来,吓得他手握剑柄,挺身问张良:"这位是谁?"

张良头一次见项羽受惊,心里偷着乐,嘴上没忘了回答:"将军,这是沛公的侍卫,名叫樊哙。"

听了张良的介绍，项羽稍微放下心来，不无惺惺相惜之意地赞叹道："真是一位壮士！来人呀，赐这位壮士一斗酒！"樊哙也不推辞，接过酒来一饮而尽。

项羽就喜欢这样的，连忙吩咐："再给壮士来个肘子！"侍者立即给樊哙端上来一个大块生猪肘。樊哙没含糊，接过肘子，以盾牌为砧板，以佩剑为刀，边切边吃，吃得不亦乐乎。

项羽连连赞叹："真是条好汉！壮士，还能再饮一斗吗？"

樊哙抹了抹嘴，满不在乎："我死都不怕，还能怕喝酒？不过，喝酒之前，我有几句话，不说出来心里不痛快！想那秦王胡亥，心如虎狼。他杀人无数，就怕杀不绝，给人用刑，就怕不够狠。就因为这个，天下人才起来反抗。当初起兵的时候，怀王跟大家约定'先破秦入咸阳的人为关中王'。如今我家沛公先到了咸阳，分文都不敢动，封闭宫室，驻军灞上，就为等将军您来接收。之所以派人守函谷关，那也是为了防备流寇啊！沛公如此劳苦功高，您不仅没给封赏，还听信谗言要诛杀功臣！这不是走秦朝的老路自取灭亡吗？我认为项将军您不应该这么做。"

项羽的脸皮薄，被樊哙这样抢白，还真觉得自己对不住刘邦，臊得无言以对。好几个人就这么坐着，大眼瞪小眼，气氛很尴尬。刘邦赶紧趁这个机会装内急："将军，不好意思，我方便方便，去去就来。樊哙，来扶我出去。"说着，刘邦在樊哙的护送下直奔茅房而去。人有三急，也不能拦着，项羽就坐在那等。等了半天，刘邦没回来。项羽一皱眉："怎么这么久？陈平，张良，你俩去找找，酒还没喝完呢。"

刘邦为什么没回来？他哪敢回来。这鸿门宴就是个火坑，哪能回去送死？刘邦有心直接跑回灞上，可是不跟项羽告辞又怕项羽发怒；去告辞，又怕肉包子打狗，一去不能回。正犹豫呢，樊哙说了："您犹豫什么呀？现在都什么时候了，他们就是刀子和砧板，我们就是鱼肉,跑还怕来不及呢,告什么辞啊!"

刘邦一想,也是这个理,于是把自己带来准备送给项羽的一对白璧和准备给范增的一对玉斗转交给张良,让张良代为送礼,并且一再叮嘱:"子房,你先不忙进去啊,我抄小路回去,不过二十里地。你估计着我到了军营,再回去见项羽!"说完,刘邦也顾不上那一百来个随从了,弃车骑马,在樊哙、夏侯婴、靳强、纪信四个人的护送下顺着小路回到了灞上。

韓 滹 餘

萧何月下追韩信图　清

楚霸王分封天下

秦朝既灭,自认为是诸侯领袖并且也得到诸侯认可的项羽,自然要论功行赏。

这时候,摆在项羽面前有三个选择,一是学习西周姬发称王,分封家族子弟;二是沿袭春秋战国,分封各路诸侯为王,自己为霸主;三是学习秦始皇,放弃分封,独揽天下。

秦始皇,项羽并不想学。当时的人认为秦始皇建立的帝国之所以短命,苛刻的刑罚是一方面,不搞分封则是另一方面。

学习周武王也不行。武王伐纣之时,主力是武王,而项羽的队伍是诸侯联军。项羽的实力显然不足以与诸侯为敌,不能不考虑诸侯的利益。

因为春秋战国时期的深远影响,秦末起义的英雄豪杰们都有裂土封王的愿望。如陈胜刚打到陈县就自立为楚王,并且或认可或默许了手下裂土称王以及六国后代复辟。对于大多数人来说,统一中原、成为九州之主,这种目标太过遥远,占据一块地盘当王的理想则容易了许多,足以满足各路英雄的心愿。因此,项羽在灭秦之后,顺应了大多数人的愿望,裂土封王,恢复春秋战国时列国并存、盟主主宰天下的政治局面,选择了霸业,而不是继承秦朝的帝业。

在分封之前,项羽打算先给自己定个名分,派人回去向楚后怀王熊心汇报，意思是让熊心给项羽封王。楚王的回复只有两个字：如约。然而这个约定却是"先破秦入咸阳者王之"，这岂不是要封刘邦为天下之王，没他项羽什么事了。

项羽恨得咬牙切齿，遂打算不再理会熊心。于是，为了让怀王的约定成为一纸空谈，项羽对着地图仔细琢磨数日，开始分封天下。

第一个要封的，是项羽自己。项羽自立为西楚霸王，以九个郡为封地。九郡都是哪些，自古至今说法不一，据清朝学者姚鼐等人考证和分析，这九郡是梁地二郡加楚地七郡，也就是砀郡、东郡、陈郡、薛郡、泗水郡、东海郡、东阳郡、鄣郡、会稽郡，范围基本上相当于今天的河南省东部、山东省西南部、安徽省淮北及江南部分、江苏省全部、上海市全部和浙江省大部分地区。项羽的地盘是当时最大的。熊心是楚王，项羽也是楚王。一个楚国出了两个王。楚怀王的日子可想而知。

第二个是刘邦。虽然项羽和范增对刘邦身上的那些神异怪事非常顾忌，但是在鸿门大家已经和解了，项羽又好面子，不好明目张胆地废除怀王的约定，让诸侯寒心，所以只好把刘邦封为汉王，封地为巴郡、蜀、汉中三郡，都城在南郑（今陕西汉中）。

但是就这样项羽还是不放心，又把八百里秦川一分为三，封三个秦朝降将为王，目的就是把刘邦死死地堵在巴蜀，不让他出来：

封章邯为雍王，封地为咸阳以西，紧挨着刘邦，都城为废丘（今陕西兴平东南）；

封司马欣为塞王，封地为咸阳以东至黄河，都城为栎阳（今陕西富平东南）；

封董翳为翟王，封地为西至今甘肃正宁、内蒙古毛乌素沙地中部一线，北至今内蒙古鄂尔多斯市以北，东至黄河，南至今陕西铜川王益区、黄龙一线，都城是高奴（今陕西延安北）。

其他诸侯，也各有分封：

魏王魏豹改封西魏王，封地为河东（今山西），建都平阳（今山西临汾西南）；

瑕丘公申阳是张耳的男宠，曾经率先攻下河南郡（今河南黄河以南，灵宝以东，中牟以西），接应楚军过黄河，有功，被封为河南王，封地就在河南郡，都城为雒阳（今河南洛阳东）；

韩王韩成仍旧统治韩国土地，都城为阳翟（今河南禹县）；

赵国大将司马卬平定了河内树立战功，奉为殷王，统治河内，都城为商朝故都朝歌（今河南淇县）；

赵王歇改封为代王，统治代郡（今河北西北部、山西东北部），都城为代县（今河北蔚县东北）；

张耳有贤名，又一路跟着项羽入关，因此被封为常山王，统治原来的赵国（今山西北部、河北西部和南部一带），都城为襄国（今河北邢台）；

当阳君英布勇冠三军，战功赫赫，封为九江王，封地为淮南（今安徽淮南一带），都城为英布的老家六县；

番君吴芮，也就是英布的岳父，率领百越精兵跟随诸侯入关，被封为衡山王，都城为邾县（今湖北黄冈北）；

义帝熊心的柱国（仅次于令尹、相国的高官，是楚国最高武官官职）共敖率兵攻克了南郡（今湖北荆州地区），有战功，被封为临江王，封地就是南郡，都城是江陵（今湖北江陵）；

燕王韩广被改封为辽东王，统治辽东（约为今辽宁省），都城为无终（今河北蓟县）；

燕国大将臧荼救赵有功，并且跟随项羽入关，被封为燕王，统治燕国（今北京及河北中、北部），建都蓟县（今北京西南）；

当前的齐王田市，被改封为胶东王，封地就是胶东（山东胶莱谷地以东，东、南、北三面环海半岛地区），都城为即墨（今山东平度东南）；

齐将田都自发救赵，跟着项羽入关，被封为齐王，封地就是齐国（今山东北部和东部），建都临淄（今山东临淄东）；

原齐王田建的孙子田安曾携济北（辖境相当于今山东德州、茌平以东，东平、泰安、莱芜以北，邹平、信阳以西及河北省沧州、海兴以南）数城归附项羽，被封为济北王，统治济北，建都博阳（今山东泰安东南）；

成安君陈馀虽然弃将印而去，没有跟着项羽入关，但是有贤名，对赵国也有功，项羽听说他现在正在南皮（今河北南皮）隐居，就把南皮等三县都封给了他；

番君吴芮手下大将梅鋗功劳很大，封十万户侯。

齐国相国田荣也是一个人物，但是因为对项梁不够意思，不派援兵，也不肯带兵跟项羽入关，所以不给任何封赏。连带他的侄子也被调到了胶东。

这次分封的最终结果就是，对项羽可能造成妨害的，进行打压、排挤，扔根骨头让他们啃去；对项羽唯命是从的，则都能有口肉汤喝。

项羽的如意算盘打得是不错。但是，他的封赏真的能让亲楚势力满意吗？被打压的诸侯真的甘心受欺负吗？

项羽种下的矛盾太多了，却并没有控制这些矛盾的能力。天下勠力抗秦的临时联盟至此终止，诸侯大混战的序幕悄然拉开。

美男子巧赚楚霸王

虽然刘邦被封为汉中王,但是老谋深算的范增并未完全放在心上。他自认纵使刘邦是只雄鹰,自己也能将之掌握于手中。抱定了这样的主意,范增索性让项羽不放诸侯回去,争取找机会多收拾几个,也好减少未来的隐患。

这样一来,刘邦又开始发愁了。不能回到封地,在项羽眼皮底下的他是一动都不敢动,生怕让项羽抓到杀他的借口。总这么下去,何时才能出头。无可奈何之下,刘邦又派人向张良问计。

张良也有黔驴技穷的时候,想不出什么好主意。思来想去,他决定找陈平商量商量。

陈平,阳武(今河南原阳东南)人,出身贫寒,自幼酷爱读书,尤其喜欢黄老之学。陈平兄弟感情特别好,有道是"长兄如父",当哥哥的真有担当,当兄弟的真拿哥哥当长辈。按说家里穷,一家老小就都得去干活挣饭吃。可是陈平的哥哥心疼弟弟,看陈平爱读书,就让他专心求学,家里所有的活哥哥都包了。陈平的嫂子看着不高兴,就在一边说风凉话:"天天读那些文章有什么用,还不照样全家跟着吃糠咽菜!有这么个小叔,还不如没有!"陈平的哥哥一听这话,当时就把妻子休了。

哥哥全力支持陈平,陈平也是不负众望,学习很用功,十里八村都出了名。但是因为陈平不事生产,家里又穷,乡里的人无论贫富贵贱,都不愿意把闺女嫁给他,陈平就一直没有娶妻。

当地有个富户叫张负,有个孙女先后嫁了五个丈夫,而五个丈夫都是成亲没多久,年纪轻轻就死了。大家就说这小寡妇命硬,克夫,没人敢娶。一个没人嫁,一个没人娶,陈平就动了心。张负也到陈平家考察了一番,发现陈平虽然穷,但是他家门前有不少车辙,也就是马车停留过的痕迹。说明许多有地位、有名气的人总来拜访他。因此,张负认定陈平的未来不可限量,就做主把孙女嫁给他。

因为陈平当时穷得拿不出聘礼,张负还特地倒贴钱给孙女婿遮羞。张负也是个厚道人。孙女出嫁那天,他对孙女千叮咛万嘱咐,告诫孙女千万不要因为丈夫家里穷,就对丈夫怠慢无礼,对大伯、大嫂要像对待父母一样。陈平有个有钱的好老丈人做后盾,交际越发地广了。

秦二世元年(公元前209年),大泽乡起义爆发,魏咎被立为魏王。陈平觉得这是个光宗耀祖的好机会,辞别兄长赶奔临济投靠魏王,随后又因为不得赏识,转投到项羽手下做谋士。项羽有个审美倾向,他非常喜欢自己的体格,欣赏的人也是那种膀大腰圆、威风凛凛的,最好是武将。陈平则是个美男子,细皮嫩肉,身体纤长。长成这样,项羽自然不待见他。郁郁不得志的陈平在鸿门宴上见到了刘邦,觉得这才是他应该追随的人。

陈平早有心归汉,此刻张良前来拜访,两人一见如故,相谈甚欢。张良一番试探之后,最终说出了来访的意图。陈平乍一听也皱眉,思考片刻后,说:"要让项羽放汉王回封地,本来容易,因为有范增在,所以才成了难题。既然这样,要救汉王就得首先把范增弄走,不然就绝无可能。这事你别管了,看我的吧!"

第二天,陈平求见项羽,给项羽献了一条妙计:"您不是讨厌怀王吗?您不如给怀王封个'义帝'的尊号,以'帝王当居上游'为由让怀王迁都到郴县(今湖南郴州),您占据彭城为都。这样,您不就可以逐渐名正言顺地号令天下了吗?"

陈平的这个建议正对上了项羽的心思,等到范增来拜见的时候,项羽迫不及待地把陈平的建议说了一遍,谎称是自己想出来的。范增听项羽说完,眼泪下来了:老天终于开眼,以项羽的脑袋终于也能想出一条妙计!他立即响应,甚至声言要亲自去办。此举正中陈平下怀。

当即,项羽便向诸侯宣布了决定,尊楚怀王为义帝,为其再加封一块地,将其送走。本来帝的地位大于王,但是对于熊心而言并非如此——项羽把他明升暗降,予以架空了。诸将谁敢指责项羽不对?众诸侯都纷纷点头:"项将军提议甚好,您做主就行了,我们全都赞成。"于是,楚后怀王成了义帝,国都被迁到郴县,彭城成了项羽的都城。

项羽宣布决定之后,范增就出发了。动身之前,范增一再叮嘱项羽:千万不能让刘邦回封地。项羽信誓旦旦地保证了一番。

等范增走远了,陈平又跑来见项羽说:"大王,这么下去不行。诸侯们都聚集咸阳,现在一共五六十万人马,每日耗费钱粮无数,老百姓负担不起不说,我们也得天天往里搭钱。不赶快让诸侯们回国,可就要出乱子啦!"

项羽一听,也意识到问题的严重性,马上下令让各路诸侯立即回国,远者限期十天动身,近者限期五天动身,即刻准备,不准耽搁;汉王暂留在咸阳,与楚王共商大事。

单独扣住刘邦,项羽此举完全在陈平的意料之中。在陈平的授意下,刘邦突然向项羽请假,要求回故乡沛县省亲。项羽犹豫了:不让刘邦回去,是不近人情;让刘邦回去,不知道刘邦此举有什么图谋。

这时张良站出来故意反对,说:"汉王回去,肯定是要接取家眷或者占据沛县称王。您不能让他回去,莫如以巴蜀急需安定为由命他赶紧去汉中,同时派人去沛县取他的家眷做人质,让他不敢有异心。"

陈平也在一旁接道:"大王既然封刘邦为汉王,且已经布告天下,如果硬是不让他上任，恐怕不足以取信天下，造成恶劣影响。倒不如依张良的计策而行，既可以保全信用，又可以约束汉王。"

项羽想了又想，最终同意了，命令刘邦以国事为重，赶紧安抚巴蜀，省亲之事以后再说。

刘邦得了项羽的命令，唯恐夜长梦多，马上整顿队伍准备出发。当时刘邦原本有十万人马，但是被项羽使了手段分给别人，最后只剩三万，刘邦却不露声色，毫无怨言，使得天下豪杰刮目相看。诸侯中有数万人就因为觉得跟着刘邦比较有奔头，转投刘邦，愿意跟着他去汉中。

汉王元年（公元前206年）四月，正是早春时节，刘邦率军赶赴汉中，张良一路相送，直送到汉中境内这才止步，君臣洒泪而别。临走的时候，张良叮嘱刘邦务必烧掉沿路走过的栈道。

栈道指的是沿悬崖峭壁修建的一种道路，又称阁道、复道。从关中至巴蜀，其间到处是横山断岭，无路可通。为了往来，于是古人便在悬崖绝壁上凿出孔洞，插入结实的木方，如同今天铁路上的枕木一样排列，再在木方上铺接木板，形成空中走廊，这就是栈道。这些栈道都是穷年累月才能铺好一段，一旦烧毁，没有三年五载难以修复。

刘邦火烧栈道之举果然让项羽开怀大笑：刘邦是真怕我啊。不管你是假意讨好我还是真心服软，既然烧了栈道，这辈子你就别想出来了。既然你安心做汉中王，我项羽大人大量，不会找你的麻烦。

项羽不是刘邦，他不知道刘邦对他的恨有多深，更不知道刘邦重返故土的愿望有多强烈。真正危险的食人猛兽，从来都是善于隐藏爪牙和身形，小心隐忍、蓄势待发的。刘邦有了做猛兽的觉悟，项羽却没有即将被吃掉的警觉。项羽一生中最可怕的对手，就这样在他的大意中成长起来了。

义帝熊心离开彭城不久，项羽按捺不住，急切地要回到故乡，去炫耀他的权势和功绩，去接受百姓的欢呼和群臣的朝拜。

第五章

汉得大将，楚失人心

韩信的悲喜前半生

在汉王刘邦正忙着在汉中厉兵秣马、积攒实力的这段短暂时间内，意外地获得了一个人才——韩信。

韩信是淮阴（今江苏淮安）人。根据史书的描述来看，韩信大概是下层士族出身，但是早已经彻底没落成平头百姓，而且父母早亡，没有兄弟。青少年时期的韩信过着极其贫困的生活。

韩信肩不能担担，手不能提篮，不会种地，也不懂做生意，生计自然就没有着落。虽然读过书，有学问，但韩信的人品不怎么样，也就没有人愿意推荐他到政府机关工作。说到韩信的人品不好，主要表现在脸皮比较厚，说好听点就叫能忍辱负重。

何以说韩信脸皮厚呢？有两件事能够佐证，一个是"乞食漂母"，一个是"胯下忍辱"。

韩信因为穷得一无所有，又不会赚钱，长得人高马大却游手好闲，到处蹭饭吃。别人怎能不厌恶他呢？

韩信最喜欢到乡县南昌亭（今江苏淮安清浦区城南乡韩城村）亭长家蹭饭。亭长大小毕竟是个官，拿国家的俸禄，生活条件自然比一般人强一些，饭菜也就可口一些，韩信也就更为爱吃一些。

乡里乡亲，抬头不见低头见，南昌亭长倒也不嫌弃韩信，让他在家里吃好几个月的饭。韩信每天是到了饭点就来，吃完抹抹嘴道个谢就走。时间长了,亭长忍得,亭长的老婆忍不得。骂又张不开嘴,撵又撵不走,实在逼急了,亭长老婆想了个妙招:早早地做好了饭,一家人提前吃了饭。

这天,毫不知情的韩信又踩着饭点赶来,但是等了半天也不见亭长家做饭。韩信在蹭饭生涯里遭到的白眼和挖苦也算不少了,如今居然一个米粒都没见到,他自然知道是被亭长家摆了一道,再加上亭长老婆不给好脸色,脸上实在挂不住了,愤而离开。

有饭可蹭的日子到头,可是人活着总得吃饭,饿肚子的滋味太难受。实在饿极了,韩信就跑到河边钓鱼吃。可韩信又不会钓鱼,钓了一天,收获也填不饱肚子。

就在距离韩信钓鱼地点不远的地方,有一群来漂洗丝絮的妇女,当时称为漂母。这些漂母在河边一干就是一天,所以都自己带饭。中午大家吃饭的时候,韩信在一边儿看着,口水直流。实在挺不住,韩信就又厚着脸皮走到跟前,向漂母们讨饭。

漂丝是一个工作程序繁琐、劳动量大、条件艰苦而报酬微薄的工作。有钱人谁也不会干这个。所以漂母们生活也都不宽裕,带的饭自己还不够吃,哪舍得施舍呢?独有一位漂母心特别软,看见韩信饿得面黄肌瘦怪可怜的,就把自己的饭分给韩信。韩信多少天没吃过一顿像样的饭了,饿疯了一样地狼吞虎咽。漂母看着眼圈都红了,叹了口气,告诉韩信要是还没饭吃就在这等她,明天她还来。此后一连数十日,这位漂母都特地来这里漂洗丝絮,为的就是给韩信带口饭吃。

有了饭吃,韩信有了精神和体力,他眼下没什么可报答漂母的,就拍着胸脯对漂母说:"您对我的好,我一辈子也忘不了。等以后我发达了,一定好好地报答您。"好心的漂母听了这话可就生气了:"你一个堂堂男子汉,自己没本事挣饭吃,还在这跟我吹牛说大话!我是因为可怜你才给你带饭,你以为我是图你日后报答我吗?"

胯下忍辱,则又是另外一回事。

韩信因为是落魄士族的后裔，家传有一柄佩剑。他虽然穷得吃不上饭，可是却觉得自己的身份比那些小老百姓高出一头。为了表示自己士族的身份，韩信就天天把家传佩剑挂在腰上，晃来晃去。

淮阴有一群屠户。当时干屠宰这一行属于贱业，地位还不如种地的，好人不为此业。所以这群屠户可以说属于泼皮无赖。有一次，有一个屠户喝了点小酒，吃饱了没事干，正好看见韩信从远处来了，就跟旁边的人说："你看，韩信那小子又来了，腰里还挂着剑，你们说他带剑做什么？"有人搭腔说这叫威风。无赖不屑一顾，心知韩信素来胆小怕事，什么也干不了，且看自己去戏耍戏耍他。于是这屠夫摇摇晃晃地走了出来，拦在韩信面前。

韩信正行路间却被人拦住了去路，十分纳闷。这时候，无赖开口了："韩信，你终日带着把剑走来走去摆架子，我早就看你不顺眼。今天你要是有胆量，拔出你的剑把我杀了，从我尸体上迈过去。你要是承认没胆子也行！"无赖拍了拍大腿，"从我裤裆下面爬过去，我就放过你。否则我见你一次打你一次！"

一般人遇到这种事要么上前与这屠夫厮杀，要么调头溜回去，以后躲着走也就是了。韩信却一撩衣摆，趴下来从无赖裤裆下钻过去了。此举可算是令韩信出了名。不论他走到哪，都被人指指点点，说他是个懦夫。

韩信为什么能拉下脸来蹭饭、放下自尊钻裤裆呢？说来说去，就是因为韩信特别珍惜自己的性命。他从不认为自己这一辈子就这么完了。虽然说出来谁都不信，但是韩信觉得自己肯定有大富大贵的那一天。

秦二世二年（公元前208年），项梁北上救魏，从淮阴经过。韩信觉得自己的机会来了，立即投奔项梁。然而，一个默默无闻的穷小子想得到项梁的赏识和重用，哪有那么容易！韩信在项梁手下默默无闻，在项梁死后又归了项羽。项羽见韩信长得高大、帅气，当即任命韩信为郎中。

郎中这个官职始于战国时期，在晋代以前，主要负责保证帝王门户、车马的安全，平时做帝王的侍卫，打仗的时候就是帝王的亲兵，随同出征。项羽任命韩信为郎中，看重的就是韩信人样子长得好，摆在门口显出威风来。这个位子是比较贴近帝王的，韩信也经常借助职务之便向项羽献计献策。然而项羽是个连干爹范增的话都不一定听的人，更不在乎韩信这个小小的郎中了！

在项羽手下也就是这样了，韩信又发现项羽身上存在着诸多弱点，绝非值得效力之主，马上决定另择明主。当时天下，首称项羽，其次就是刘邦。而且，刘邦身上还围绕着种种神异的传闻。因此，就在刘邦赶往封地的时候，韩信悄悄弃了项羽，追随刘邦到了汉中。

萧何月下追韩信

刘邦带着美丽的梦想走入汉中。显然，刘邦的手下们并不都知道主公做着什么样的美梦。在他们看来，被封到巴蜀的刘邦，尤其是自动烧绝了栈道的刘邦，已经没有重出江湖的机会，带着对家乡的眷恋，带着对父母妻儿的思念，从将领到小兵，每天都有人悄悄逃走。

将士逃亡现象的出现，对于士气是一个重大打击，就连刘邦自己都有些感到灰心。然而，也许老天觉得对刘邦的打击还不够彻底，就在他刚刚抵达自己的都城南郑不久，忽然有亲兵慌慌张张地跑来报告说萧何丞相逃跑了。

刘邦听亲兵这么一说，顿觉眼前天旋地转。萧何不仅是从起兵之时就跟随刘邦的老朋友，眼下更是刘邦的左右手。萧何的背叛，让刘邦又是愤怒，又是绝望，一时间不知如何是好，吃也吃不下，睡也睡不着，丢了魂似的。

谁知没过两天，萧何又回来了。看见萧何，刘邦如见久别的亲人，既生气又欢喜地问："我对你哪点不好，你怎么就逃了？"

萧何赶紧说："大王误会了，我没逃，我是去追一个逃跑的人了。"

刘邦很吃惊："你追谁去了？"

"韩信！"

原来，韩信投奔了刘邦之后，刘邦也没拿他当回事，让韩信做了连敖。许多人把这个职位解释为粮仓管理员，因为"敖"字有"粮仓"的意思。其实远不是这么回事。三家注版本的《史记》里，晋代的徐广在这个词后面的注解明明白白：典客也。典客就是负责与各诸侯国、少数民族交往的官吏，与粮仓管理员毫无关系。

就在做连敖的时候，韩信所属的部门不知道犯了什么事，全部被判了死刑，监斩官是刘邦的老乡——昭平侯夏侯婴。刽子手一连气儿砍下十三颗头颅，第十四颗就在这韩信的脖子上。眼前此刻，韩信急中生智，仰头盯着夏侯婴大声喊："汉王不想得天下吗？为什么要杀壮士！"

一般人临死要么吓得软成一摊泥，要么连声求饶，要么大骂，韩信临死关头能喊出这样不卑不亢的话来，夏侯婴不禁暗暗好奇，仔细打量了韩信一番。这时就体现出人的长相的重要性了。韩信要是长得歪瓜裂枣一样猥琐不堪，夏侯婴可能当场就下令把韩信斩了。关键是韩信长得仪表堂堂，让夏侯婴看着打心里喜欢。夏侯婴当即一挥手，让人把韩信放了，请过来聊了一会儿。这一聊不要紧，夏侯婴心里大叫一声：韩信确实是个不可多得的人才！他马上就向刘邦推荐。

夏侯婴对刘邦来说，不仅是好朋友，更是个能臣。所以，因为夏侯婴的推荐，刘邦任命韩信为治粟都尉。治粟都尉就是掌管生产军粮等事的将军，与连敖相比属于实缺。这个官职也就是看夏侯婴的面子给的，刘邦这时候还是没把韩信当一回事。可韩信也没把小小的治粟都尉之职放在眼里。他觉得凭自己的本事，应该是有大用的人，就看刘邦识不识货。

韩信在治粟都尉这个职位上，难免要与丞相萧何打交道。萧何因此也发现韩信是个人才，时不时地跟刘邦提起。这时候刘邦带着大伙还在往南郑行进的路上，心里正是烦闷之际，就没有在意。这一路上，有不少将士找机会溜了。等到了南郑，韩信暗自琢磨：萧丞相和太仆肯定没少在汉王跟前提我,到现在还没动静,看来汉王是不打算用我。既然如此,我另找出路算了。想到这,韩信当机立断,不辞而别。萧何一直关注韩信,听说韩信跑了,来不及请示刘邦,便急忙去追,终于把韩信劝了回来,这才立即面见刘邦禀报。

这边刘邦听萧何说是去追韩信,又生气了:"逃了多少将军,也没见你去追,偏偏去追韩信。分明是你在骗我!"

萧何一乐,道:"大王,那些将士逃就逃了,但韩信不一样。他是独一无二的人才,国士无双!您要是安心做汉中王,不用韩信没关系。你若是真想争天下,除了韩信,再没有能辅佐您成就大业的人选了。现在就看大王您是怎么想的了。"

刘邦自然是想出汉中夺天下。萧何得到刘邦的答复,连忙说:"既然大王已经决定要争天下,那就得用韩信。您要是能用他,他肯定会留下来。您要是不用他,虽然今天我把他追回来了,以后他还是会跑。"

萧何把话说到这份上,刘邦不能不重视了,当即痛快地说:"好吧,看在丞相的面子上,我拜韩信为将军。"萧何摇了摇头表示不行。刘邦咬牙道:"拜他为大将军可否?"

萧何赶紧道:"大王英明!"

一个能让萧何如此看得起的人,刘邦也产生兴趣了,吩咐萧何道:"既然说定了,你把韩信叫进来吧,我当场任命。"

萧何却摇头说:"大王,您哪一点都好,就是有时候对人傲慢无礼。您拜韩信为大将军,怎么能对他如此呼来喝去?您要是真的诚心拜他为大将军,应该选一个良辰吉日,斋戒之后设拜将坛,把全套礼仪都做足,这才可以。"

刘邦思虑半天,最终同意了萧何的提法。

汉王要拜大将军的消息传出来,刘邦手下原来的将军们喜上眉梢,人人以为刘邦要拜的是自己。等到正式拜将那天,使者一声高呼,韩信迈步走上拜将坛,将军们不知所以然,转念才明白过来,原来此事根本与他们无关,不禁心中愤愤不平。韩信看见这排场,自是心花怒放。拜将礼仪完毕,刘邦立刻请韩信上座,当众问对。

刘邦是个急性子,开口就问:"萧丞相跟寡人提起大将军不是一回两回了。寡人一直有逐鹿天下之心,今天拜你为大将军,不知道大将军有何良策让寡人得偿所愿?"

韩信刚刚被拜将,自然要当众立威,听刘邦问起,韩信先谦虚了一番,然后反问:"大王,您要逐鹿天下,对手非霸王莫属吧?"

刘邦点点头:"当然。"

韩信又问:"大王觉得如果单论悍勇、仁义、强大这三方面,您与霸王谁强谁弱?"

刘邦想了想,还是选择说真话:"寡人不如霸王。"

刘邦话音刚落,韩信立即起身拜贺:"大王您能认清自身和对手的长短之处,这不是一般人能做到的。就像大王您所说的,臣也认为在这些方面您不如霸王。但是,霸王虽然有优势,却有更多缺点。臣曾经在霸王手下做事,对他了解颇深,请允许臣斗胆谈谈霸王的为人。

"霸王性情刚烈,勇猛无敌。他一声怒喝,千人胆寒。可是他一个人本事再大,又能如何呢?他不能放手任用贤能,所以他的悍勇不过是匹夫之勇,不足为惧。

"他待人也恭敬仁爱,言谈温和,属下生病,他能心疼得掉眼泪,把自己的饭菜分给他们吃。可是对于立了功应该得到封赏的部下,他把刻好的官印棱角都磨平了,也舍不得给人家。所以,霸王的仁义是妇人之仁,不足为惧。

"霸王独霸天下,诸侯称臣,实力不可谓之不强。可是他却不待在关中而建都彭城,违背义帝当初的约定,把自己的亲信和所偏爱的人封为王侯,排挤他不喜欢的人,诸侯中许多人对此愤愤不平。霸王把义帝驱逐到江南（此时义帝之死尚不为人知），诸侯有样学样，也都回去驱逐原来的君王，自立为王。凡是楚军经过的地方，无不饱受蹂躏残害。霸王深为天下人所怨恨，只是迫于他的淫威而暂时屈服。霸王名义上是天下的领袖，实质上已失去民心，所以他的强大很快会变成衰弱，不足为惧。

"霸王有这三不足惧，如果大王能反其道而行之，任用天下贤能，何愁敌人不被消灭！把土地分封给有功之臣，何愁诸侯不臣服！率领仁义之师实现他们打回老家的梦想，何愁敌人不被打败！

"况且，关中的三秦之王本来都是秦将，率军征战数年，麾下秦国子弟死伤无数。后来他们带将士投降霸王，被项羽用欺诈的手段坑杀二十余万，唯独章邯、董翳、司马欣三人生还。秦人对这三人恨之入骨。现在只是项羽以武力强行封这三人为王，实际上秦国百姓都不拥戴他们。

"大王您第一个到关中的时候，秋毫无犯，废除了秦朝的残酷刑法，与大家约法三章，秦地百姓没有不希望您在关中为王的。关中百姓都知道，按照当初诸侯的约定，大王理当在关中称王。可被迫来到汉中，秦地百姓无不怨恨霸王。

"综上所述，大王如果现在起兵，收复三秦绝不是难事，可传檄而定。"

韩信当堂一番论证，把敌我双方的优势劣势讲得清清楚楚，明明白白，自刘邦以下，无不佩服。刘邦尤其高兴，直埋怨得到韩信太晚了，对于自己先前忽略韩信的事情算是绝口不提了。至此，刘邦自己居中调度：以萧何为后勤，主要负责到巴蜀之地收租收粮，保证军队供给；以韩信打前锋，负责冲锋陷阵。汉军上下摩拳擦掌，准备兵进关中。

往日恩，今日怨

刘邦在汉中积极为重返中原做准备，因为道路闭塞，包括项羽在内的其他诸侯并不知情。此时的华夏大地一片宁静，人们仿佛又迎来了乱世之后的和平。

然而，不平静的事情并不等于没有发生。由于项羽是个爱憎分明的人，这直接导致了他无法成为一个合格的政治家。在处理齐国的态度和方式方法上，项羽的这种个人主观感情色彩尤为明显，以至于制造出了不可化解的矛盾。

汉王元年（公元前206年）五月，田都拿鸡毛当令箭，得到项羽任命后来到齐国上任。对此，田荣当然不能容忍。田荣不仅坚决拒绝接受项羽自作主张迁齐王去即墨的命令，而且立即率军向田都发起攻击，同时也秘密联络其他收到苛待的诸侯倒项。没有根基的田都面对愤怒的田荣，果断做出选择——逃回楚国。

这时候齐王田市，也就是田儋的儿子、田荣的亲侄子，因为对项羽的畏惧，对叔叔的反抗行动非常不赞同，竟然主动溜到胶东，要按项羽的安排改做胶东王。不成器的侄子做出的这种背叛家族的行为使田荣凶性大发。田荣带人日夜兼程，终于在即墨追上田市，并将田市亲手斩杀，自立为齐王。此时，济北王田安也已经到博阳即位。对于仇人田假的侄子，田荣当然不会放过，立即发起攻击，将田安杀死在战场上。至此，田荣占据了原属齐国的全部土地。

田荣打响了反对项羽的第一枪，自然知道必定会遭到项羽的报复，也自然知道仅凭一己之力绝不是楚霸王的对手。单丝不成线，孤木不成林，田荣开始广建党羽。

在攻打济北王田安的时候，田荣偶然遇到了彭越。自从与刘邦分手之后，彭越手下逐渐积累了一万多人，在巨野（今山东巨野）深山老林里游荡，没有投靠任何诸侯，也没有参与各路诸侯进攻咸阳的行动。结果，彭越被诸侯们遗忘了，成了天不收地不管的孤魂野鬼。

别人不要的人，但田荣却看中了。田荣发现没有政治倾向的彭越如获至宝，立即派人赐给印绶，拜彭越为将军，请他作为自己的战友去攻克济阴（今山西荣河境内），协同自己攻打田安。

彭越现在正处于尴尬境地。秦已经灭亡，天下成了诸侯的天下。虽然躲得了一时，但一万余众的彭越军终究会曝光。没有哪个诸侯会容忍在自己的封地内存在这样一支不属于自己的军队，彭越的属下们也不会愿意长期过这种居无定所的生活。因此，为了生存，彭越急需一个合法身份。虽然田荣有意拿彭越当枪使，但彭越别无选择，只好接受田荣的任命，协助田荣消灭了田安。

田荣率先对项羽发难，惊起了另一位英雄——陈馀。

巨鹿之战后，陈馀一怒之下弃印归隐，在南皮带着好朋友们渔猎。张耳则跟着项羽一直到了咸阳。大分封之时项羽本来不打算封赏陈馀，还是在项羽手下混饭吃的陈馀昔日门客够意思，跟项羽讨封："张耳跟了您之后也没做过什么，不比陈馀功劳大多少。现在您封张耳为王，却不封名气不逊于张耳的陈馀，这有点说不过去。"项羽琢磨了一下，觉得手下说得有道理，就把南皮等三县封给了陈馀。

按理说，天下那么多英雄没得到封赏，陈馀坐在南皮就得到了三个县也算不错了。彭越也是一无所有，不过陈馀还是不满。因为他举目一瞧，昔日的好哥哥张耳就因为跟随了项羽，如今已经成了赵国的王,连赵王歇都被张耳挤走。想想,上天真是待他不够亲厚。如果是别人封了王,陈馀还不恼,但是张耳夺了陈馀的兵权,是陈馀恨之入骨的仇人。正是因为被张耳夺了兵权,陈馀靠着门客说情才得到三个小县,张耳却是数郡之主。这让陈馀如何能不愤怒呢?

原本张耳势大,陈馀则是不堪一击,只能窝囊着。偏巧,田荣反了。陈馀当然不能放过这个可以利用的机会。他立即派了能说会道的张同、夏说秘密前往齐国,游说田荣。两人见到田荣后,巧舌如簧,说道:"大王,项羽为天下之主,做事太不公道。他把自己的属下封到了好地方,却把原来的诸侯都封到了条件差的地方。赵王原本是我们的王,项羽却把他迁到了代国。赵王的臣子张耳因为被项羽看重,居然坐了赵王的位子。这也太欺负人了。我家主公陈馀对此非常愤怒,特派我们向大王您请求援兵。如果大王能够帮助我们,我们愿意以南皮作为齐国的屏障,不让任何人从我们这侵犯您。不知大王您能否应允我们这个小小的请求呢?"

田荣正愁战友不多,焉有不肯答应的道理?当即拨给陈馀一支队伍。陈馀得到增援,又把自己封地内的士兵全部带上,对张耳发动了突然袭击。

张耳一来没有料到陈馀如此恨他,二来没有料到陈馀能筹集到攻打他的人马,三呢没有来得及整顿赵国的防务,结果被陈馀打了个措手不及,一败涂地。

陈馀迎赵王歇复为赵王,赵王歇也上道,大方地把项羽封给自己的代国转封给了陈馀。这一下,主客异位,流落江湖的陈馀重新崛起,成为代王,而刚刚还是赵王的张耳却要亡命天涯了。

去哪里安身立命?张耳左思右想,与随同自己逃亡的属下商议说:"现在,我一无所有了,必须寻求一个靠山。天下诸侯,要么不值得投靠,要么不会重用我,要么不会收留我。只有霸王和汉王,是可以投奔的。汉王跟我有故交,当年他还是布衣之身的时候曾经跟随我；霸王则是实力雄厚，对我有封赏之恩。他们两个人之中，我更倾向于投奔霸王。大家没有异议的话，我们就奔彭城去吧。"

张耳手下有个老头，姓甘名德，字逢。对于张耳的打算他表示不同意："主公，您可不应该去投奔霸王啊！我平时喜欢观天象。近来，我发现五星逐渐汇聚于东井，这是印证汉王入关中的事。东井应在秦国，五星汇聚于东井，正表示秦国理当灭亡，先到咸阳的人必然会成为霸主。所以依我看，别看现在霸王势力强大，未来的天下还得是汉王的。因此，您理应投奔汉王。"

古人尤其笃信天象。听了甘德的一番星象解说，张耳当即决定：投刘邦去！

明修栈道，暗度陈仓

田荣造反的消息很快传遍天下。几乎在得到消息的同时，刘邦行动了。

早在送刘邦到汉中的时候，张良在告别之前，除了留下"火烧栈道以安项羽之心"的计策，还给刘邦制定了"积巴蜀之财富，取道陈仓还定三秦"的计划。

陈仓就是今天的陕西省宝鸡市，位于八百里秦川西端，是关中与汉中之间的咽喉。在汉中到陈仓之间，曾经有一条崎岖难行的小道。后来，因为栈道的铺设，这条小路渐渐荒废，逐渐被人遗忘。因此，对于这个方向，章邯等人是没有设防的。

要出汉中，必先得陈仓；要得陈仓，现在只有这条被忽略的小路可走。但是，如果汉军明目张胆地从这条小路杀出去，章邯等人也不是吃素的，肯定能及时察觉。到时候，三秦大军蜂拥而来，结果就只能是把汉军死死地堵在陈仓之前。所以，夺取陈仓的行动必须要做到神不知、鬼不觉，容不得半点闪失！

对此，大将军韩信早有算计。他首先把临武侯樊哙、威武侯周勃找来，命樊哙、周勃带一万人马修复栈道，限期一个月内必须修完。樊哙和周勃一听大为着急，去找韩信说理："大将军，你此举是作甚？这条栈道咱们烧起来是没花几天，可是修起来没三年哪修得完啊?这都是几百年才铺出来的路,你让我们一个月修完,还不如现在就把我们杀了!"

韩信把脸一沉:"让你们修你们就修,哪有那么多废话!大王要出汉中夺天下,等你们修上三年,还夺什么?现在这个任务就交给你们了,不得有误!"

军令如山,樊哙、周勃也没办法,点齐了兵马,日夜开工,轮班倒地抢修栈道。

最高明的阴谋,首先要骗过自己人。为了保密,韩信并没有把计划告诉其他将领。

樊哙、周勃这边刚一开始施工,摆出要从褒斜道出兵的架势,消息就被探子急急忙忙报告给了章邯。章邯听了哈哈大笑:"汉王是不是受刺激变糊涂了?早知道今天,谁让你当初烧来着?任你修去,等你修过来,我再把你打回去。不仅如此,我还要顺着你们修好的栈道杀进汉中,让你们死无葬身之地。"章邯想了想,又问:"查查这馊主意是谁给汉王出的。"没多久,章邯就得到回报,说是汉王拜了一个叫韩信的人做大将军,修栈道就是韩信的命令。

"大将军?韩信?此人是谁,怎么没听说过?"章邯疑惑地问。

探子早就打听清楚了,禀报说:"大王,难怪您不知道。此人在家乡是有名的懦夫,有一次被人欺负,从人家裤裆底下钻了过去。他原来在项王手下当侍卫,不久之前才到汉王那里。"

探子把打听来的事仔仔细细说了一遍,章邯听了抚掌大笑:"汉王真可怜呐,手下没人了,拜了个钻裤裆的做大将军。就这样的人还想跟我打?如今看来,我已有数了,派一支人马在栈道口等着,什么时候他们快修好了,就来向我禀报!"

章邯被韩信蒙蔽了,真以为汉军打算从原路杀出来,把注意力全放在栈道这。

汉王元年(公元前206年)八月,正是丰收时节。汉军备齐了粮草，整修完毕，开始行动了!

刘邦和韩信率领大军从南郑出发，穿过被荒草覆盖的羊肠小道，神不知鬼不觉地抵达陈仓，不费吹灰之力就打败了毫无防备的陈仓守军，占领了这座事关汉中生死的咽喉之城，并派军从陈仓古渡口渡过渭河，倒攻大散关（位于宝鸡市南郊秦岭北麓）。

汉军攻取陈仓的消息传来，章邯惊呆了。汉军攻克了陈仓？怎么可能！栈道明明还没修好，他们从哪里出来的？难道是长了翅膀飞过来的不成？章邯没有时间仔细追究，急忙调兵，试图夺回陈仓，掐断汉军的生命线。

韩信和章邯在陈仓开战了。汉军将士在汉中被困四个月，思乡之情不可遏制。强烈的返乡欲望让这些经历过无数次战斗的汉军更增添了不要命一般的悍勇。反观章邯军，秦军士兵萎靡不振、不尽全力。这些士兵们许多都是秦人子弟，一直怨恨章邯、司马欣、董翳这三个叛徒，哪肯效死？

此时，明修栈道的樊哙、周勃也接到命令，顺山路杀了出来，与韩信会师。敌我双方交织在一起，陈仓古城变成了绞肉机，无数个鲜活的生命在战场上消逝。

渴望东归的汉军对阵毫无战斗欲望的雍军，汉军打了个漂亮的大胜仗。曾经转战小半个中国、歼敌无数的猛将章邯如今成了被屠戮的羊，在汉军的追杀中仓皇向好畤（今陕西乾县好畤村）方向逃跑。汉军衔尾追击，在好畤再次打败章邯。无奈之下，章邯带着残兵败将逃回了废丘城，坚守不出。

早在得到田荣造反的报告后，项羽派萧公角等人攻打彭越，自己则整顿人马，准备出兵。就在这时，刘邦兵进汉中的报告也送到了。

本来，田荣与刘邦相继行动，项羽一时也难以决断先打哪一个。但是，考虑到范增一直坚持除掉刘邦的要求以及自己对刘邦的厌恶，项羽更倾向于先打刘邦。

正在这时,萧公角等人被彭越打败的消息传来,张良也突然来信了。

却说张良在汉中辞别刘邦以后,直接返回韩国。当时,韩王韩成并不在国内。

原来,韩成当初派张良协助刘邦进咸阳,以及张良一直跟刘邦保持密切往来的事情,令项羽大为恼怒。他认为韩成这是忘恩负义。

当年刘邦带着张良一起去投奔项梁。张良看项梁立熊心为楚怀王,特别羡慕,跟项梁商量:"将军您现在已经扶立了楚王后裔,楚国的大旗竖起来了。但是,在眼前这种局面下,楚国显得太过于孤单了,缺少盟友。韩王的几个儿子现在都还在。其中,横阳君韩成为人很好,能够担当大任。我想求您立横阳君为韩王。韩国如果能复国,就可以成为楚国的盟友,对您反秦的事业绝对有好处。"项梁当然是希望秦朝的局面越乱越好,马上同意,让张良把韩成找出来立为韩王,又拨了千把来人给韩成去抢地盘。

所以说,要不是项梁,韩成才能恐怕一辈子都要被埋没了。

从这点来讲,项羽觉得韩国应该跟楚国特别亲近才对。可韩王韩成和张良偏偏跟刘邦走得特别近。这让项羽很不痛快,更把韩国的协助视为刘邦先入咸阳的重要因素。因此,分封天下完毕,项羽在回家的路上顺手把韩王韩成捎上,硬把韩成从咸阳带到了彭城。

在彭城,项羽很快就把韩王贬为韩侯。没过多久,也就是在田荣杀死济北王田安的前后,得知刘邦杀出汉中,项羽把韩成也杀了。身为韩国贵族、一心匡扶韩王的张良得知消息,胸中恨意滔天。他料定项羽肯定要先打刘邦,这才本着要坑项羽的目的,打着为项羽考虑的借口,写了封信。

张良在信中说:

汉王本来是应该得到关中的,但是没能得到。如今汉王发动战争,目的正是取回自己应该有的封地,而不是针对您。只要能够像当年约定那样成为关中的主人，汉王也就满足了，根本不会再做他想。当务之急是在您的北边。齐国和赵国现在已经结盟了，我这有他们煽动诸侯企图造反的书信，作为证据一并呈给您。他们两国是公开向您叫板。请您早做决断。

张良的意思就是：刘邦只不过是打算取回自己应得的东西罢了，没有东进的意图。你项羽违背了当初的约定，这是你不对，你就不该企图阻止刘邦。齐国和赵国现在已经是公然造反了，证据确凿。你应该去打他们。

张良这一封信，项羽看了之后脸红了又绿，绿了又白。项羽是个好面子的人。他自己也知道，不管怎么说，刘邦先进了关中，自己却把人家撵到巴蜀去，这事做得不仗义。现在刘邦自己去取，合情合理。更何况，章邯是杀死了伯父项梁的人，犯不上为了救章邯背上负义的名声。再说，刘邦在鸿门宴上对项羽服服帖帖，鸿门宴之后更是叫他往西他不敢往东。而田荣和陈馀呢，不仅在项家需要的时候从来不曾施以援手，而且一直没对项羽表示过臣服，如今更是煽动诸侯倒项。应该打谁？显而易见。

天下了解项羽性格的人太多了，但是像张良这样善于抓住项羽心理弱点的人，少之又少。

项羽非常配合地中计了。他放弃了西进支援章邯的计划，准备北上攻打田荣。就在这时，汉将王陵率一路人马即将抵达阳夏（今河南太康）的消息传来，使项羽对刘邦产生了一丝警惕。他连忙封好友郑昌为韩王，让他抵挡刘邦，同时又派出一路精兵在阳夏拦阻王陵。

张良把写给项羽的信送出之后，开始了人生中的第二次逃亡，投奔了刘邦。

带着对项羽的愤怒，张良要帮助刘邦手刃楚霸王，项羽的死敌从此又多了一个。

弑义帝天下寒心

就在项羽的军队走在讨伐田荣的征途上时，在风景如画的深秋的江南，正上演着一幕凄凉的惨剧。

手持利刃的楚将用狰狞的表情掩饰着自己的不安与不忍，将宝剑猛地刺去。芈氏家族最后一位王义帝熊心，就这样瞪大着双眼，带着诡异的微笑，倒在了血泊之中。

杀死义帝熊心的，是九江王英布的属下。而命令英布杀死熊心的，正是熊心昔日的臣子、今日的西楚霸王——项羽。

熊心就这样悄无声息地死了。项羽并没有声张，而是大摇大摆地回到了彭城。

对于项羽而言，熊心是个没用的废物。其实，对于刚刚起兵反秦的项氏家族而言，熊心曾是一把保护伞，是一面聚将旗。有熊心坐在楚王的位子上，才使得项梁、项羽能够顺利地招兵买马，得到楚人的拥护。其实，项氏与熊心之间，不存在谁对谁有恩、谁对谁负义的问题，而是彼此利用的关系。无论对其中哪一方而言，另一方都既是战友又是敌人。当秦国这个第一目标消失后，项羽和熊心就只能是你死我活的局面。显然，熊心并不具备反戈一击的实力。

虽然被选出来做傀儡，但是聪明的熊心显然发现了自己的处境极为危险。在项梁掌权期间，没有机会反击的熊心非常能忍，没有轻举妄动。项梁刚死，熊心就抓住这个机会出击，迅速剥夺了项羽以及吕臣的兵权，又拉拢吕氏，用吕青、吕臣父子为重臣，制衡项氏势力。同时，他提拔对项氏不满而且没有根基的宋义为上将军，又让刘邦独领砀郡兵卒，以进一步打压项羽。这些充分证明熊心胸中有城府，行事很果断。

在接下来的反攻秦国行动中，怀王熊心也坚决不给项羽机会，让刘邦负责西进咸阳，让宋义带着项羽在安阳吸引秦军主力，拒绝了项羽"愿与沛公西入关"的请求。

虽然史书记述不多，但仅从这两点就可以看出，熊心是一个头脑清醒、善于决断的人。但是，熊心犯了一个致命的错误，就是错用宋义。宋义显然是一个眼高手低、纸上谈兵之辈，不堪大用。熊心却被宋义的名声和口才蒙蔽，拜其为将。结果，项羽斩杀自以为是的宋义，又漂亮地打赢了巨鹿之战。兵权落到项羽手中，熊心再度成为傀儡。当然，用宋义，对于熊心来说也是无奈之举。他没有机会接触军事，也没有时间去慢慢考察人才。

熊心就这样匆匆登上历史舞台，又匆匆退场。

也许是受项羽驱逐义帝的启发，汉王元年（公元前206年）八月，因被项羽迁为辽东王的燕王韩广不肯就国，受封为新任燕王的原韩广部将臧荼举起屠刀将韩广杀死，占据燕国、辽东两地，即燕王之位。

至此，义帝死，义帝之楚国并入西楚；胶东王死，济北王死，胶东、济北两国并入齐国；辽东王死，辽东并入燕国；塞王、翟王降汉，塞国、翟国并入汉国；原韩王死，新韩王立；代王歇复赵王位，赵王张耳降汉，陈馀即代王位。包括自己在内，项羽封过的二十二位诸侯，此时灭了六位，死了一帝四王，反了三王一侯（田荣、赵王歇、刘邦、陈馀），降了三王。由此可见，项羽的分封相当失败，这是导致天下大乱的一大因素。

自从暗害了义帝熊心之后，项羽就陷入了马不停蹄四处平乱的麻烦中。后世许多人在评价项羽时，都认为项羽是因为谋杀怀王熊心才使得诸侯愤起讨伐。这是一种很荒谬的、一厢情愿的皇权思想。

在项羽分封的诸侯中，除汉王刘邦、临江王共敖之外，都算不上与熊心有深厚感情。诸侯根本不会把熊心的生死放在心上。共敖参与了追杀熊心的行动，既没有阻止项羽，也没有搭救熊心，可见也不算什么忠臣。刘邦志在天下，与熊心也是相互利用的关系，不存在君臣之义。事实上，在漫长的中国古代历史上，随处可见权臣弑主、奸臣篡权的事件。如果诸侯真的如此拥戴熊心，怎么会眼看着项羽夺走熊心的都城？所以，诸侯反项羽为的是自己的利益，而不是义帝熊心，虽然他们中有人以替义帝报仇为借口。

自己种下了因，就得自己来吃这个果。项羽四处救火，开始了疲惫的征程。可是，按倒葫芦浮起瓢，想平定天下，哪有那么容易！

项羽对形势判断错误，又因为自身失误导致大量人才流失。他的命运，已经在此时确定了。

封金归汉第一人

汉王元年（公元前206年）冬，项羽的大军终于杀进了齐国，与田荣指挥的齐军在城阳（今山东鄄城富春北部）会战。项羽的楚军毕竟名不虚传，将齐军杀得狼狈逃窜。田荣在心腹的保护下逃跑，不料在平原（今山东平原西南）被县里的人杀了。

失去领袖的齐国成了一块想怎么揉捏就怎么揉捏的面团。项羽火气也大，把对秦国干的事重新干了一遍：把齐王宫殿纵火烧为平地，把投降的齐军将士全部活埋，虏获大量的老幼、妇女为奴。楚军马不停蹄，从城阳一路杀到北海（今山东淄博以东、掖县以西地区），所过之处几乎全都化为废墟。人都是被逼出来的。项羽的残暴终于使齐国人同仇敌忾，由屈服变为反抗。田荣死了，他的弟弟田横还在。利用齐国人的愤怒与恐惧，田横收拢了万余人马，重新占据城阳。本来打算速战速决的项羽因为战略上的愚蠢，被田横绊住了。此时，连续作战的楚军已经开始疲惫、思归，齐军却在保家卫国热情的鼓舞下变得勇敢顽强。此消彼长之下，楚军与齐军交战数场，始终未能夺回城阳。这一来，项羽就开始倒霉了。

在项羽跟齐人纠缠期间，仅凭一封书信就改变了项羽作战计划的张良已经逃到了刘邦身边，从此正式成为刘邦的臣子。

为了进一步给项羽制造麻烦，同时为了成全张良对韩王的感情，

汉臧论道图　明　刘俊

沛台实景图　明　唐寅

刘邦特意选择了韩国贵族后裔韩信，承诺将封他为王，命他夺取韩国。刘邦选择的这位韩国贵族后裔，是战国时期韩国第十九代国君韩襄王韩仓的庶子之子，也就是韩襄王的孙子。

韩国国君是西周姬姓王族一脉，也姓姬。但按照当时的习俗，对于诸侯不称姓。比如秦始皇嬴政，本来姓嬴，但是史书里称其为秦王政或赵政（因嬴政出生在赵国）。再比如魏豹，也是西周王室后裔，但是在史书里不叫姬豹而称魏豹。同样地，刘邦选择的这位韩国贵族后裔，名字应该叫作姬信，但是在史书上却叫作韩信。这下，麻烦来了：当时刘邦手下有两个韩信，一个是来自淮阴的大将军韩信，一个就是韩国贵族韩信。

韩信带了大军杀到韩国，新任韩王郑昌不经打，而项羽又被绊在城阳不能支援。因此，在韩信的进攻下郑昌很快投降。刘邦履行约定，当即封韩信为韩王。从此，史书为了把他与淮阴韩信区别开，就称他为韩王信。

项羽的失策不仅仅丢了一个韩国，还给死对头刘邦送了一宝——陈平。

原来，在汉军出陈仓围废丘的时候，刘邦带着兵马往东靠了靠，离着殷国就不远了。殷王司马卬没等刘邦杀到，就降了汉。项羽急忙拜美男子陈平为武信君，让他带人平叛。陈平还真行，带着人马杀到殷国，刚打了三两下，司马卬又毫不含糊地降楚了。这场胜仗对项羽来说太重要了，等于救了火一样。大喜过望的项羽当即封陈平为都尉，赐黄金四百两。

没想到，陈平的滋润生活并没过上几天。当时，刘邦见项羽在城阳跟田横大眼瞪小眼，乘机溜了出来，直奔殷国而去。这位殷王司马卬真是了不起，跟没骨头一样，立马再度降汉。司马卬的再次叛变令项羽怒火万丈。项羽把司马卬的这次叛变归咎于陈平。在他看来，如果陈平像他一样宰了司马卬、坑杀殷国降卒，刘邦哪会捡到这个大便宜？眼见着局势崩坏，自己又不能脱身，本来就暴躁的项羽有些发疯了，传出话来要杀陈平出气。一肚子坏水的陈平哪会给项羽这个机会，当即挂印封金，表示跟项羽恩断义绝，单人独剑去投奔刘邦。

一路上晓行夜宿，陈平到了修武（今河南修武），通过汉将魏无知的引荐，与另外六个来投奔刘邦的人一起得到了刘邦的召见。

萧何曾经说过，刘邦有傲慢、看不起人的毛病。这时，刘邦老毛病又犯了。通常来说，一个君主遇到有人来投奔，应该考核一下来者的才学，量才为用。刘邦倒好，领着七个人吃了顿饭。吃饱喝足之后，刘邦抹了抹嘴："好了，吃完了，都下去休息吧！"另外六个人唯唯诺诺地退下去了。陈平一看，心道：要遭！今天见了汉王一面，下回指不定什么时候才能再见。那这段日子里我算干吗呢？他马上对刘邦说："大王且慢，臣来见大王是有要事，必须今天跟您说，要不就来不及了。"刘邦一时好奇，留下来听陈平细说天下大势。

听过之后，刘邦大喜，知道今天又遇上人才了，马上问："你在项羽那当什么官？"

陈平回答："项羽封我做都尉。"

刘邦当即拍板："好，我也封你做都尉！你先干着，等立了功，还有封赏！"

都尉是仅次于将军的武职，没等陈平立功，刘邦就赏了陈平这样一个比较高的职位，还让他兼任参乘、护军，在自己身边担任警卫，以便于随时问策，同时负责调节各将领间的关系，监督诸将。

刘邦的任命一下，诸将不高兴了，纷纷议论："大王刚得了楚国的一个逃兵，还不知道他本领的高低呢，就跟他同乘一辆车子，让他监督我们这些老将。这叫什么事啊！"刘邦还是个倔脾气，听到属下的议论，反而更加宠信陈平。他可不怕手下跟陈平有矛盾。越有矛盾，陈平才越不会包庇这些将领。君王之道就在于制衡，绝不能让自己的臣子成为一块铁板。刘邦自然深谙此道。

刘邦得了陈平，有萧何、张良、陈平、曹参、郦食其、陆贾等出谋划策，游说纵横，又有韩信、张耳、卢绾、樊哙、周勃等领兵作战，冲锋陷阵，掌控着巴蜀、汉中、除雍国外的秦川、河南，又有韩国、西魏跟随，有齐国、赵国、代国对楚国的牵制，形势一片大好。

项羽这个昏招迭出的西楚霸王，就这样把一位又一位可以辅佐帝业的人才、可以做助力的盟友送给了刘邦。

第六章

乌江歌起道离别

逃命的极致

那是汉王二年（公元前205年）的三月间，项羽久攻城阳不下，被田横拖在齐国。汉王刘邦在河南边上晃了几圈，发现项羽根本没心思理他，立即点齐人马直奔彭城，企图捣毁项羽的老窝。

这一回，刘邦带的人马非常多，集巴蜀、汉中、塞、雍、翟、殷、韩、河南、西魏等地的人马，凑齐五十六万大军，带着张耳、申阳、郑昌、魏豹、司马卬气势汹汹地杀向彭城。

在路上，刘邦还得知了一件好事：义帝熊心被项羽害死了。这可是鼓动天下人反项羽的一个绝佳借口啊！刘邦心里欢喜得不得了，表面上则伤心欲绝，号啕大哭，为义帝举办了持续三天的隆重丧事，向世人展示他的有情有义，同时突出项羽的无情无义。刘邦还发表了一段讨项宣言："灭亡秦国以后，天下诸侯一致通过，拥立了义帝，以臣子之礼侍奉。可是姓项的居然不守人臣之礼，不仅放逐义帝，还在江南把义帝杀害，真是大逆不道的畜生所为啊！今天寡人和诸侯全身缟素，为义帝发丧。我发誓，要带领诸侯一道讨伐凶手，为义帝报仇！"

挥着大义的旗子，刘邦带人杀入楚国，兵临彭城。楚国的主力队伍正跟着项羽在打田横，国内空虚，被刘邦捡了个便宜，彭城迅速被攻破。刘邦进了彭城，得意扬扬，把项羽王宫中的女子和金银财宝一并收归己有，每日里大摆筵席，聚众畅饮。这时候樊哙被派出去攻打楚国其他城池，张良则因身体不好而一直休养。刘邦犯了老毛病，可惜没人在他身边规劝。

刘邦以为项羽就这么完了，项羽当然不能如刘邦所愿。在得知汉军杀奔楚国的时候，项羽命令手下继续打城阳，自己则带了三万人疾驰而来。三万对五十六万？能行吗？项羽天生虎胆，根本不惧，不要看汉军人马五十六万，可是在刘邦的调遣下相当一部分军队被派出去四处扩大战果了，留在彭城以及附近的汉军只有三十万左右。

就算三十万人，要是正面对决，十个打一个，楚军恐怕也不是对手，所以项羽没选择正面对决，而是在一天清晨发动突然袭击，半天的工夫就从萧县（今安徽萧县）杀到彭城，打了汉军一个措手不及。

因为刘邦战败逃亡，汉军指挥系统已经瘫痪，无法组织有效的反抗。项羽死死咬住刘邦的主力，不给刘邦喘气的机会，硬是把汉军逼到睢水（古代鸿沟支流之一，今已断流）河边。

进不得，退不得，刘邦被楚军围了个结结实实，眼看就要成为项羽的刀下之鬼。也许真是天不亡刘邦，也不知道怎么这么巧，就在这时，突然从西北方向刮来一场大风。据说大风刮得天昏地暗，令人不辨西东。一时间，房倒屋塌，飞沙走石，犹如天神发怒，好似妖魔作怪。

这场大风来得太突然和太猛烈了，楚军人马顿时乱了阵脚。就趁着这个难得的机会，在数十卫士的保护下，夏侯婴赶着马车，拉着刘邦逃出了包围圈。大风过后，楚军将士发现刘邦不见了，立即撒出人马四处搜索。

侥幸捡了一条命的刘邦可不知道追兵就在身后，取道沛县逃亡，一来是顺路，二来也是打算趁机带走家眷。到了沛县家中，刘邦一瞧父亲和妻子比他逃得还早，早就不见了踪影，却把刘邦的一双儿女刘盈和刘乐扔在了半道上。这俩孩子命大，正好在路上碰见刘邦，刘邦看见孩子人不人鬼不鬼的样子心疼至极,连忙接上车来,跟孩子抱头痛哭。

刘邦正抹眼泪,便听见车后人喊马叫,马蹄声隆隆作响。他探头一瞧,正是楚军,忍不住惊慌失措,命令夏侯婴火速前进。夏侯婴急忙扬鞭催马,火一样猛跑。可是,马车跑得再快也快不过不拉车的马,何况车上还坐了四个人。只见追击的楚军越跑越近,由影影绰绰变得清晰起来。

刘邦心下一急,伸手一推,只听"啊""哇"两声惨叫。夏侯婴回头一瞧,刘盈、刘乐两个孩子被刘邦推到车下去了。两个孩子摔得灰头土脸,胳膊、腿都蹭破了,坐在地上哇哇大哭。夏侯婴是个热心肠,哪受得了这个,急忙拉住马,迅速把两个孩子抱了回来。因为这一耽搁,楚军追得更近了。刘邦这次又把两个孩子推下去了,夏侯婴再次停车去捡孩子。如此一来二去,刘邦显然是不想要孩子这个累赘,但夏侯婴却舍不得。刘邦本想杀了夏侯婴,但是又担心自己驾车技术不好,反而更逃不了,只好由后者去了。

没想到夏侯婴的确厉害,那么多楚军在后边追,愣是被他带着刘邦等人跑了出去。

逃避死亡和伤害是生物固有的天性,可是保护下一代也是生物的本能。老虎再凶狠,也不会吃自己的孩子。相比之下,刘邦和吕氏却并非如此。吕氏自己逃命能把孩子丢下,刘邦为了逃命能忍心把孩子丢下,此情此景未免可悲。

刘邦逃出生天,两孩子也得救了,他们一起跑到下邑(今安徽砀山)吕雉带兵的兄长那里避难。而刘邦的父亲和吕雉本来是在舍人审食其的护送下要去找刘邦,结果撞到楚军,被项羽抓获。

刘邦这一战败,见风使舵的诸侯又重新选择阵营,司马欣、董翳、魏豹趁机重新投奔项羽,齐国的田横趁项羽不在迅速收复齐国,立田荣之子田广为新的齐王,与赵王歇、代王陈馀向楚国抛出了橄榄枝。

在下邑，刘邦收拢了一些败兵，萧何也急忙在关中征召人马，找不到青壮就召老弱，凑了一大堆人送到前线。刘邦稳住阵脚，在张良的建议下策反了与项羽开始离心离德的九江王英布，迫使项羽派出大将龙且征讨，分散了力量；与彭越联络，得到彭越的支援。在荥阳（今河南荥阳北）之南，聚拢了人马的刘邦与项羽再度交手，顺利地挡住了项羽的攻势。返回关中后，刘邦立刘盈为太子，韩信也被拜为左丞相。刘邦采纳了韩信"北举燕、赵，东击齐，南绝楚之粮道，西与大王会于荥阳"的战略，再度抵达荥阳以牵制项羽主力，为汉军在其他战场寻找战机创造机会。

楚汉之争进入了相持阶段。

背水一战破陈馀

韩信单独行动，首先解决了被围十月之久的雍王章邯，将其斩杀。随后，韩信挥师东进，直击降而复叛的西魏王魏豹。

得到韩信兴师而来的情报，西魏王魏豹在蒲坂（今山西永济）布置了重兵，封锁河关（黄河渡口临晋关，后改名蒲津关）。面对依仗黄河天险变得易守难攻的雄关，韩信当然不会傻到硬吃。他在河关对岸陈列船只，营造要渡河强攻的假象，暗地里却派兵从夏阳（今陕西韩城）抓着木盆、木桶渡河，偷袭了西魏之都安邑（今山西夏县西北禹王城）。魏豹引兵反击，却无力回天，被韩信俘虏，后在荥阳被杀。

韩信首战告捷，令汉军士气大振。韩信军的下一个目标是疏汉亲楚的代、赵二国。燕赵之地自古多慷慨悲歌之士，士兵悍勇善战，能骑善射，是一块难啃的硬骨头。张耳听说韩信将要攻赵，报仇心切，主动请缨要求出征。考虑到张耳在赵国有很大的影响力，刘邦当即同意，在自己需要面对楚霸王项羽强大压力的情况下，毅然抽出了三万兵力交给张耳，命张耳协助韩信攻赵。刘邦已经倾其所有，下了血本，韩信的面前是一条只能成功、不可失败的路。

汉高祖二年（公元前205年）闰九月，韩信以迅雷不及掩耳之势挥兵东攻阏与（今山西和顺西），一举击败代军。赵国还没反应过来，就失去了代国这个传统友好邻邦。

就在韩信一路攻城拔寨，节节逼近赵国的西大门井陉口（在今河北井陉北井陉山上）之际，刘邦在荥阳主战场却遭到项羽的凌厉围剿。无奈之下，刘邦紧急抽调了韩信的大部分精兵，投入荥阳主战场，仅为韩信留下不到三万新兵。而在赵国方面，赵王歇与陈馀已经在井陉口重点布防，号称二十万的赵军在此静候汉军到来。井陉口历来是兵家必争的要地，而且也是东、西交通的必经之路。作为北线汉军统帅，韩信对这三万新兵的军事素质和战斗力忧心忡忡。正如韩信后来亲口所言，指挥这些新兵，简直就是"驱市人而战之"，也就是驱赶一群不懂得彼此配合、支援的新兵蛋子打仗。

另一方面，韩信即将要面对的赵国，实力远远超过魏、代国。以三万战斗力低下的军队攻打井陉口，纵使是项羽来统帅，恐怕也要一败涂地。

可是韩信没有退路。他唯一的机会就是速战速决，以尽快与刘邦会师。

军队要想迅速推进，粮草供应是否及时是个必须考虑的大问题。陈馀帐下有个叫李左车的人，乃是战国时赵国大将李牧之后，被赵王歇封为广武君。李左车长期镇守井陉口，对这一带的军事地理了如指掌。在汉军杀到之前，李左车敏锐地意识到汉军粮草接应问题，向陈馀献了一条毒计。他说："将军，韩信渡河以来连战连捷，又有张耳相助，将士士气正旺，锐不可当。他要乘胜吃掉赵国的心思，您看得很明白。汉军不好对付，这是不用说的了。但是，他们也有明显的劣势。您知道，军队的粮草如果供应不及时，士兵就要挨饿，战斗力就要打折。我们所据守的这个井陉口，乃是天赐之险，车不可并行，骑兵不可列队。汉军在这样的道路上行军，粮草必然落在后面。如果您能拨给我三万人马，我愿意从小路截断汉军辎重粮草。这时，您深挖护营壕沟，加高大营围墙，以逸待劳。这样，汉军进不得战，退不得回，荒野之上又没有粮食可掠，不出十日，您就可以看到韩信、张耳的头颅了。请您考虑考虑我的计策。如果不这么办，我们就要成为韩信的囚犯！"

李左车的计策不能说不狠，对赵国不能说不妙。但是，陈馀不同意。在陈馀看来，自己有十几万人马，对付号称三万人的汉军，玩阴谋诡计太丢人了。

韩信其实正担心赵军分兵断他的粮道，早派出探子打探风声。他听说陈馀不肯玩这一手，高兴坏了，当即放心前进。同时，他派大将曹参攻下邬城（今山西介休邬城店），扫除汉军东进井陉口的左翼威胁。自己率大军距井陉口三十里处安营，全军休整。

白天，韩信稳坐中军，一个"打"字都没提。到了夜半时分，他突然开始调兵遣将了。

首先，韩信派出两千轻骑。他们人手一面红旗，在夜色庇护下抄小路绕到抱犊山（今河北获鹿西北）隐蔽。这一队人马的任务是，待到赵军倾巢出动，立即冲入赵营，抢占壁垒，拔掉赵国旗帜，遍插汉军红旗。

其次，韩信为了鼓舞士气，对众将士说："今日破赵会食！"也就是说，今天咱们将打败赵军，战后我请将士们聚餐。与其说这是条军令，还不如说是个玩笑。它不禁让人想到了"灭此朝食"的齐顷公。然而，齐顷公是个草包，韩信却是不世出的将才。他的必胜信念在谈笑间感染到每一位汉军将士。看着他们挺直的胸背，高昂的头颅，韩信知道，他的目的达到了。

最后，韩信派出一万先头部队，背靠绵蔓河、井陉水列阵迎敌，与赵军决一死战。背水一战，再无后路，这确是一个大冒险。这还是那个嚷着"多多益善"的韩信吗？这分明是一个赌徒！然而韩信的眼睛仍然溢着自信的笑意，一副十拿九稳的样子，叫人莫测高深。

时间一分一秒地流逝，转眼已是夜色茫茫，而韩信布置的各路大军也已悄无声息地到达了指定位置。

第二天黎明，韩信率汉军剩余将士浩浩荡荡直扑赵军大营而来。陈馀听说汉军竟然背水列阵，心中不禁窃喜，觉得韩信是浪得虚名，连兵法都不懂，自断后路，怎么可能是自己的对手！他立即命令赵军倾巢出击，彻底消灭来犯之敌。

陈馀自动放弃了深沟壁垒的地利优势，哪里知道此举正中了韩信的诱敌之计。

刚开始，汉军的确被杀得丢盔弃甲，溃散而逃。就连韩信也被乱军裹挟，狼狈如丧家之犬。陈馀大喜过望，认为生擒韩信的时机就在眼前，率领赵军紧追不舍。

两军交手之后不久，陈馀就尝到了韩信背水阵的真正厉害。那些原本不堪一击的汉军新兵突然变得个个勇力倍增，有如地狱杀出的恶鬼；而反观己方，因为人数太多，组织失度，竟然在狭小的战场上拥挤、推搡踩踏——前面的赵军仓促中与汉军厮杀，而后面的人只能睁眼看着！

久攻不下，而己方的伤亡远远超过对手，见势不妙的陈馀决定先行收兵，再图破敌良策。出乎意料的是，返巢的他突然发现自己的大营竟然遍插红旗，一时六神无主，不知如何是好。

锐气已失的赵兵立即发现自己进退维谷，处境堪忧，失败和死亡的阴影很快笼罩了无家可归的赵军，每个人的脸上都染上了灰色的慌乱。于是，赵军崩溃四散，徒叹奈何的陈馀也只得自顾自地逃命而去。

汉军见赵军溃逃，士气大振，立即乘胜追击。赵军在汉军凌厉的攻击下越发不可收拾，一败涂地。陈馀在泜水（今河北魏河）被斩杀，赵王歇和曾向陈馀献毒计的李左车被汉军活捉。赵国，从此划入刘汉的版图。

此后，汉军进可攻燕、齐，如若成功拿下两地，项羽将被进一步孤立。所以井陉之战规模虽小，在楚汉之争的进程中却有着战略性地位。

倒霉的范亚父

收拾了赵国后，韩信的礼贤下士赢得了李左车的投诚。在李左车的建议下，韩信派舌辩之士出使燕国，兵不血刃就让燕王臧荼投降。韩信派使者快马加鞭将捷报送至刘邦驾前，并为张耳请封赵王，得到了刘邦的批准。

韩信那边打得有声有色，刘邦这边还在每日与围城的项羽军干耗着，耗费钱粮、人马无数，除了得了一个被楚将龙且打得落花流水、前来投靠的光杆司令英布之外，毫无进展。刘邦愁啊，愁得头发一根根往下掉。怎样才能扭转局面呢？这一天，刘邦正好看见陈平，两人开始探讨这一问题。

陈平说："项羽此人虽然尊敬那些好汉，但是吝惜赏赐；大王您则是不吝赏赐，却不尊重人。你们俩各有所长，各有所短。如果您能既尊重人又不吝赏赐，那天下很快就是您的。但是这是一时半会改变不了的局面。现在有一个见效快的办法，就是用反间计。项羽手下现在人才匮乏，只有范增、钟离昧、龙且、周殷是他的得力助手。如果大王能拿出巨资离间这几个人和项羽的关系，以项羽多疑、耳根子软的性格，必然奏效。这样一来，您平定天下还有何难？"

刘邦对陈平的主意拍案叫绝，当即给陈平拿了黄金四万斤，告诉陈平拿去收买人心。

为了打败项羽，刘邦舍得花钱。当然了，这四万斤黄金不是现在所说的黄金，而是黄铜。铜在当时是值钱的东西，可以铸钱，可以做镜子，可以制作工艺品，属于硬通货，寻常人家是用不起铜的。真正的金子当然更值钱。但在那个时代，金子产量太低。前边提到过，项羽曾经赏陈平金子四百两。当时一斤等于十六两，四百两就是二十五斤，这已经是巨款了。

陈平办事效率高，拿了钱马上就行动起来。他派间谍带着巨款潜入楚军大营，到处散播谣言，说钟离昧等人屡立战功却不得封王，心怀不满，打算背楚归汉，共灭项羽而分天下。谣言越传越广，很快传到了项羽耳朵里。项羽果然对钟离昧等人就起了疑心。

范增是项羽手下头号谋臣，是陈平一心要除掉的，但范增是项羽的亚父，年纪一大把了，不求官不求财，只是想保着项羽的江山，想造范增的谣并不容易。所以陈平只好另做打算。

当时，楚、汉两国交战，打嘴仗是免不了的，使者往来不息。这一天，项羽又派使者来荥阳。陈平哪能放过这个机会，当即包揽了对来使的招待工作。到了用餐时间，只见侍者热情洋溢地抬着一头喷香流油的烤牛，来到了宴席上。楚国使者一见，满意极了，刚要谦辞几句，只见上菜侍者抬头看了看，大惊失色，连忙致歉："这是给亚父的使者准备的，您的不是这个。"侍者抬着牛下去，转眼间又端上来杯盘碗碟。楚国使者定睛观瞧，简直怒不可遏：满桌子全是素菜，跟刚才的烤牛相比，差距实在太大！

使者一肚子气，回去就把这事告诉项羽。在今天看来，这是小儿科的把戏，就算范增真的也派了使者去见刘邦，侍者也不可能端错了菜，很明显是故意的。仔细想一想，再谨慎调查一番，事情很容易弄清楚。可是项羽偏偏就上当了，认为范增与自己有了异心。

项羽越想越不对，甚觉范增可疑。这时，范增看项羽久围荥阳而不攻，心里着急，频频来劝项羽赶紧发起决战。项羽心想这可能是范增想陷害自己的奸计,坚决拒绝出战。范增回去之后非常奇怪,不知道项羽为何突然转了性,不再对付刘邦。他暗中一打听,恍然大悟,这才知道项羽疑心他跟刘邦有勾结。

范增伤心欲绝,想想七十多岁的年纪了,自从追随项梁以来,一心为项家天下出谋划策,呕心沥血在所不惜,到头来却遭受猜忌。想到这,范增便跟项羽请辞:"天下大事已经定了,大王您好自为之吧。我老了,干不动了,请让我回家养老吧。"范增此时已经料定,得天下的必然是刘邦。范增请辞,项羽毫不挽留,当即批准。范增又伤心又难过又生气,着急上火,生了背疽。按中医的话说,就是湿热火毒内蕴,造成内脏积热,气血凝滞,以至于背上长了大疮。还没等回到彭城,范增就病死了。

范增的一生是倒霉的一生。他提出立义帝,义帝死了;他追随项梁,项梁死了;他要杀刘邦,刘邦逃了;他扶保项羽,项羽怀疑自己了。范增七十出山,比八十遇文王的姜太公还年轻了十岁。可惜他所托非人,所图之大事竟然没有一件真正成功的,真叫后人为之叹惋。

霹雳手段夺帅印

范增劝项羽速攻荥阳，项羽不听。然而等到范增死了，项羽反倒打算进攻刘邦。这一次可算是切中了刘邦的要害——刘邦军中正好断粮！

饿着肚子的士兵哪能挡得住悍勇的楚军？面对即将开始的大战，刘邦如油锅上的蚂蚁，急得团团转。

就在这紧要关头，忠心耿耿的大将纪信挺身而出。他毅然对刘邦说："大王，如今形势危急，荥阳肯定守不住了。我跟大王您身材、面容相似，愿意假扮大王蒙骗项羽，给您创造机会，请您务必趁机逃出重围！"

刘邦假意推辞了一番，当即采纳了纪信的计策。

一天夜晚，荥阳城东门突然大开，两千士兵簇拥着一副銮驾从城内杀了出来。刚冲出来没多远，这些士兵就被楚军团团围住。说来也怪，这群士兵，一个个身材苗条，呼喊起来细声细气，形如女子。楚军打起火把仔细观瞧，还真是一群娘子军！

正在这时，女兵队伍中的銮舆上有人高声喊话："因城中断粮，汉王愿向项王请降！"

刘邦出城投降的消息传了开去，顿时楚军都给惊动了："汉王投降了，可以回家了！万岁！万岁！"一时间，围困荥阳的楚军纷纷往东门赶,要见证这一历史时刻。他们哪里知道,銮驾上端坐的人不是刘邦,而是纪信。真正的刘邦已经趁这个机会出了西城门,在数十人的护送下直奔成皋(今河南荥阳汜水镇西北)逃命去了。

纪信被带到项羽面前。项羽仔细一看,哪里是刘邦,分明是个假冒的人,他立即追问。

纪信哈哈一笑:"我家大王早已经离开荥阳了,您就死心吧。"

项羽勃然大怒,下令对纪信施以火刑,将其活活烧死。随后,项羽急攻荥阳。刘邦逃走的时候,曾留下御史大夫周苛、枞公和魏豹守城。周苛、枞公根本信不过反复无常的魏豹,生怕魏豹首鼠两端,献城投降,就先把魏豹杀了。正在这时,彭越在项羽的后方发动突然袭击,破坏了楚军的粮道。项羽掉头先赶走了彭越,又被刘邦玩弄了一番,四处乱打,直到第二年三月才得到机会回来再攻荥阳,一举攻克,擒获周苛、枞公和被新派来守城的韩王信。

攻下荥阳之后,项羽想到刘邦身边居然有这么多忠心的臣子,不由得羡慕不已。他有心招降周苛、枞公,先对周苛说:"你是个人才,不如到我的麾下办事。刘邦不过让你做御史,我封你为上将军,食邑三万户!"食邑三万户,就是直接管辖三万户人家。这三万户不向国家缴税,全部交给周苛。

面对项羽的诱惑,周苛微微一笑:"你还是赶快向汉王投降吧,你不是我家大王的对手。要是不投降,你很快将成为大王的俘虏!"项羽勃然大怒,命令手下将周苛扔进锅里煮了,对枞公也死了心,直接让人斩首。由于韩王信尚有利用价值,所以他命人暂时将其看押。

再说刘邦,从荥阳逃出来之后,经成皋逃回关中,又收集了一批人马,在谋士的建议下南出武关,摆出袭击彭城的架势,诱项羽南下,以解荥阳、成皋之急。一开始,项羽被刘邦、彭越玩得团团转,往来奔命。到后来他已经耐不住性子,直奔刘邦杀了过来。此时刘邦已经率军驻扎成皋,不幸又落入项羽的包围之中。

正所谓一回生二回熟，刘邦逃跑的经验已然丰富。汉王四年（公元前203年）冬，刘邦见事情不妙，撇下满城将士，独自坐着夏侯婴的小车，再次踏上逃亡之旅。这一回，他是直接向今河南焦作修武县境内方向逃去，因为韩信和张耳统帅着赵军，正在那里驻扎。

刘邦找韩信、张耳不单纯是为了避难。他到了修武并没有急着去见韩信，而是悄悄在驿站住了下来。到第二天凌晨时分，刘邦坐上夏侯婴的小车突然来到赵军大营，假称是汉王的信使，直接闯进了韩信和张耳的卧室，趁两人还在熟睡之时夺得印绶，接管了赵军。

刘邦用突然袭击的方式夺得兵权是有原因的。

第一，因为韩信、张耳形迹可疑。早在刘邦受困荥阳之时，曾经数次要求韩信、张耳火速赶来支援，但韩信、张耳以项羽屡派奇兵袭击赵国为由，仅仅派了一支队伍前去支援，自己仍待在赵国。在两人隐隐不受征召的情况下，刘邦如果堂堂正正地要求两人分出兵力支援，两人很可能不会答应。

第二，因为刘邦此时势孤力穷。为了对抗项羽，刘邦数次从关中征兵，到此时已经无兵可征。逃出成皋的刘邦除了夏侯婴之外再无一兵一卒，一无所有的刘邦现在已经什么都不是了。别人认他做汉王，他是汉王；别人若是不认，他就是草民。在这种情况下，刘邦如果公然亮出身份进入赵军大营，韩信、张耳乐于服从还则罢了，一旦有异心，或杀掉刘邦，或挟刘邦以令关中，刘邦很可能就再也没有翻身的机会！

刘邦对韩信有知遇之恩，对张耳有收留之德。但是在政治上，恩德是靠不住的。连亲情都可以割舍，何况是恩情？在刘邦眼中，韩信不可靠，张耳更是个野心家。盲目相信对方，将自己置于险地，那是蠢货才会干的事。

故此，刘邦根本不给韩信、张耳任何对他不利的机会，直接以迅雷不及掩耳之势夺取了两人的印绶。当时的军队，也有很高的军人素养和操守的，认印不认人，就算是天王老爷来了，手中没有印符，调动军队比登天还难。因此，刘邦得到了印绶，就控制了军队，韩信和张耳只有俯首为臣的份儿。

刘邦立即在韩信、张耳仍在熟睡的时候主持召开了临时军事会议，重新调整岗位：他自己率领赵军主力准备迎战打项羽；命令张耳招收新兵，守卫赵国；拜韩信为相国，带剩余兵力攻打齐国。

直到刘邦安排妥当，韩信、张耳才刚刚起床。一觉醒来，形势巨变，惊得两人还以为做了一场梦。

刚刚还是一无所有的刘邦转眼间就又有了数万人马，其他驻守成皋的将领也纷纷弃城逃来跟随，成皋就此沦陷。

大势已去

汉王三年（公元前204年）冬，郦食其在刘邦的派遣下说服了齐王田广。田广准备降汉，谁知被刘邦削弱之后一肚子火气的韩信采纳了蒯通的建议，不理会郦食其，兴兵伐齐。齐王田广盛怒之下水煮郦食其，但还是没能逃过战败被杀的命运。连被项羽派来援救田广的大将龙且，也成了韩信的刀下之鬼。齐国从此划入汉的版图。

第二年年初，韩信上表请求刘邦封他为齐王。为了平定天下的大局，在张良、陈平的劝解下，刘邦将怒火压在心底，批准了韩信的请求。此举使韩信心满意足，立即忘记了夺帅的不快，将刘邦视为再生父母。

此刻巴、蜀、汉中、关中、魏、河南、韩、赵、燕、齐皆已属刘邦，项羽的实力被削弱了许多。曾经追着刘邦屁股穷追猛打的项羽，此时已经奈何刘邦不得。

趁项羽回身再度去清理彭越这只狡猾的老狐狸时，刘邦挥师而进，将镇守成皋的曹咎、司马欣、董翳引诱出城，打败楚军。曹咎、司马欣、董翳自杀身亡，成皋再度回到刘邦手中。

成皋失守，楚军的敖仓面临威胁，粮食供给出现困难。项羽立即回头反扑成皋！此时，刘邦已经在广武山的广武涧西岸安营扎寨；项羽不得急进，只好扎营于广武涧东岸，与汉军相持。

双方这一相持就是数十日。汉军粮草充足，战斗力弱，最愿意打持久战；项羽虽然士兵精锐，但粮草缺乏，需要的是速战速决。因此，项羽被拖得心急如焚，不知该如何是好。正在这时，有人向项羽献了一计。说起这人，倒不陌生，正是刘邦直欲生食其肉的老乡雍齿。

当初雍齿背叛刘邦投降魏国，但魏国很快被秦军消灭。雍齿大难不死，辗转成为了项羽的手下。此时他见项羽发愁，便建议后者以正被押在楚国的刘太公和吕雉为人质，胁迫刘邦投降。

项羽反正无计可施，当即采纳了雍齿的计策。

这一天，项羽在沟涧东边搭了一块极大的砧板，将刘太公和吕雉架出来，对着汉军喊话："刘季（刘邦字），你爹和你妻子现在在我手里。如能速速投降，就饶你爹不死。如若不从，我就把你爹煮了！"

项羽对这个计策非常自信，认为刘邦必然就犯。就算刘邦自己不顾家人生死，在两军阵前他还能豁出去脸皮吗？可惜项羽太不了解刘邦了。只见刘邦不慌不忙地回话说："项羽，你跟我当年同在怀王驾前称臣，约为兄弟。既然如此，我爹就是你爹。你要是非要把你爹煮了，请分我一杯肉羹尝尝鲜！"

刘邦这话一说出来，刘太公吓得差点尿裤子，又差点被气死，他现在恨不得破口大骂，有刘邦这么个不孝子，实在欲哭无泪。

可现实就是这样。刘邦投降，全家就一定能活吗？

再说项羽。刘邦一番话出口，项羽气个倒仰，当时真的就想杀了刘太公。项伯连忙阻止："侄儿呀，万万不可！你糊涂啊！你今天杀了刘邦的爹，你敢保证天下就是你的？真要是有一天刘邦得了天下，你的亲人不就遭殃了？再说志在天下的人哪个顾家？你把刘太公杀了根本对刘邦没有半点影响，反而替自己惹祸。所以，千万不能杀呀！"

听了项伯的话，项羽犹豫了。确实，杀了刘太公有什么用？刘邦根本不在乎。何况两人当年的确有兄弟之约，从这里论起，刘太公就是项羽的干爹。有干儿子杀干爹的道理吗？算了。

雍齿的办法不好使。项羽思来想去，又提出跟刘邦单打独斗！

项羽派人给刘邦传话，意思是要与他阵前一对一对决，若是刘邦不敢，那就是懦夫，要被天下人嘲笑

项羽的挑战提议，刘邦当然不会答应。于是他回了封信，对项羽说，自己不过是一介贫民，并非武夫，只斗智不斗力。

刘邦一时没有办法，但跟项羽这么耗下去也不是办法，继续畏首畏尾必然导致将士的士气低落，刘邦的个人威信将不复存在。于是，刘邦同意与项羽会面洽谈。

广武涧两岸，刘邦与项羽隔涧相望。自从咸阳一别，两人从来没有好好看过对方一眼。今天看来，衰老的刘邦已经没有了昔日的痞气，项羽脸上也多了风霜。看到了对方，难免就想起当年的自己。曾经，两个人都没有成为天下之主的野心，只是活在乱世，身不由己地拼着、抢着。没想到，两个人竟成了这天下间最大的两个豪杰。当年的好战友，如今成了不死不休的仇人。

项羽沉着脸，掩饰着内心的激动："既然来了，我们就打一场吧。"

刘邦哈哈一笑："我是不会与你交手的。项羽，不要再固执了。你不知道你犯了多少大罪吗？你违负义帝之约，夺我关中，封我汉中，罪一；你假借义帝之名杀死宋义，篡夺军权，罪二；你救赵成功之后，本当还报义帝，却擅自劫持诸侯及其人马入关，罪三；你残暴不仁，焚烧秦王宫室，大火三月不熄，又盗掘秦墓，私敛财物，罪四；秦王子婴已经投降，你却将他杀死，罪五；坑杀秦国二十万士兵，却以其将领为王，罪六；你把自己人封在好地方，驱逐这些地方原来的主人，使得臣下争相叛逆，罪七；你把义帝赶出彭城，自己占彭城为都，又夺取韩王土地，自占梁、楚，给自己的多，给别人的少，罪八；你派人在江南暗杀义帝，罪九；你身为人臣而弑主，杀已

降，为政不平，立约却不守信，为天下所不容，大逆不道，罪十。我今天是率领义兵，带诸侯讨伐残贼来的。像你这种人，我用刑余之罪人击杀你就足够了，何苦自降身份亲自和你交手！"

刘邦这一番喝骂，直骂得项羽暴跳如雷，当即命令潜伏的弩手放冷箭，正射中刘邦的胸口！刘邦趁项羽尚未发觉自己哪里中箭，连忙倒地，抱着脚大叫。随后，重伤的刘邦在众人的保护下逃回营中。

接下来的局势将会如何发展？刘邦虚弱地倒在床上，胡思乱想着。

幸好弩箭上没有毒药，刘邦的命被保住了。在张良的建议下，刘邦强忍伤痛，出来慰问将士。汉军见大王安然无恙，人人欢欣鼓舞。项羽听说刘邦没事，则是大失所望，不敢轻举妄动。但这番掩饰不是没有代价的。刘邦的伤势因为勉强出行越发严重，只好找了个借口回成皋养伤。

汉王四年（公元前203年）九月，在阴沉的气氛中，项羽和侯公签订了盟约：以鸿沟为界，鸿沟以西是刘邦的地盘，鸿沟以东全归项羽；两国就此罢兵，永不交战。

鸿沟，又称洪沟，是中国古代最早沟通黄河和淮河的人工运河，流经今天的河南省开封市西南，在荥阳县东北注入黄河，今已枯竭。当年的鸿沟，号称楚河汉界，最终演化为今日中国象棋棋盘上红黑双方的一条分界。

达成协议之后，刘太公及吕雉等人被项羽释放。当侯公带着刘邦的亲人和一纸合约返回后，汉军高呼"万岁"。王侯将相的梦想是争夺天下、建功立业。普通士兵没有这种奢望，只求保护父母、妻子、儿女，只求有饭吃，有衣穿。从项羽分封天下到如今，战争打了四年。大家都累了，也甚是思念家乡。什么称王称霸、除暴安良、兴义师讨逆，这其实不关老百姓的事。平凡人，只是想守护自己的小幸福。

然而，战争却并未就此结束。

虞兮虞兮奈若何

盟约订立之后,项羽率先撤兵东还。见项羽信守约定,刘邦也开始安排撤军。然而,对于张良和陈平而言,盟约不过是几行字。更何况,张良视韩王被杀之仇不共戴天。良机就在眼前,天予弗取,反受其祸!两人当即建议刘邦背弃盟约,追击项羽。在巨大的诱惑面前,刘邦同意了张良和陈平的建议。

汉高祖五年(公元前202年),刘邦率领二十多万大军追杀项羽。同时,刘邦向韩信和彭越发出命令,让他们发倾国之兵赶到固陵(今河南太康)与他会师,合击项羽。

当带着兴奋和忐忑的心情打到固陵时,刘邦惊讶地发现,韩信和彭越并没有赶来!孤军作战的刘邦恐慌了。

得知刘邦背约而来,项羽火冒三丈,恨得咬牙切齿,立誓要杀刘邦而后快。第二天清晨,十万楚军悍然出动,向汉军发起猛攻,斩汉军两万余人。刘邦被打得狼狈逃窜,退至陈下(县名,今址不详),筑壁自守。

刘邦急得直转圈,对张良说:"子房啊子房,你害苦我了。诸侯不遵号令,我该怎么办啊!"

张良连忙安慰道:"大王,您别急。韩信被封为齐王,他知道这不是你心甘情愿的,心里自然有所猜疑。彭越在梁地打游击,对您立了许多功劳，但是因为当时魏豹还活着，你封彭越做魏相。现在魏豹已经死了，彭越还没当上王。况且，楚国快要灭了，韩信和彭越的地盘却没有增加。所以，他们不肯来是当然的事。我建议大王把从陈县以东到海滨一带地方给韩信，把睢阳以北到谷城的地方给彭越，他们要想得到这些封地，就得跟项羽交战，还怕他们不肯出力吗？这样一来，何惧楚军？大王如果能和他们共分天下，他们肯定马上前来。如果您不肯，形势就难以预料了。"

刘邦恍然大悟："哦，原来他二人是打着这个主意啊。好，子房，我听你的，先许给他们！"嘴上答应着，刘邦心里却想着怎么跟韩信和彭越算账的问题。

刘邦依张良之计而行，韩信和彭越果然大为满意，忙不迭地率大军前来援助。在韩信和彭越行动的同时，刘邦的堂兄刘贾渡过淮水，成功利诱项羽的大司马（专司武职的最高长官）周殷叛变。周殷领兵清除了占据六县的楚军，迎接英布归来。刘邦当即封英布为淮南王，让他和刘贾、周殷等向东集结，会战项羽。

在刘邦的部署下，齐王韩信率齐军南下，占领楚都彭城和今天苏北、皖北、豫东等广大地区，兵锋直指楚军侧背，自东向西夹击项羽；彭越率数万梁军先南下，然后西进，与刘邦军共同逼迫楚军；淮南王英布、刘贾、周殷率军数万自淮北出发，从西南方发动对楚地的进攻，先克寿春，再攻下城父；刘邦率本部人马二十余万，出固陵，由西向东进逼。五路大军，近七十万之众，由韩信居中调度，从西、北、西南、东北四面形成了对楚军的合围。面对这种不利局面，西楚霸王项羽被迫向垓下（今安徽灵璧东南）后撤。

汉高祖五年（公元前202年），在垓下项羽第一次尝到了被围困的滋味。诸侯将不可一世的项羽重重围困。刘邦自起兵以来，败绩无数，更没有大兵团作战经验。因为出身卑微，他也没有接受过系统的战略战术教育。韩信自从暗度陈仓，大小数十战，未闻败绩，堪称军中之胆，且极具军事天赋，战略战术水平一流。因此，刘邦让韩信担任作战总指挥，全权负责对项羽的最后一战。

韩信当仁不让，发出号令。通过对项羽的研究，韩信发现，项羽最善于打奇袭战、硬仗，不善于打阵地战、持久战。项羽其人，在战斗中的韬略相当匮乏，全凭气势。针对项羽的特点，韩信命令英布、刘贾、周殷军从南面将楚军出路全部封闭；命令彭越军从北封闭项羽可能逃脱的出路；韩信自己亲率三十万齐军，会同二十万汉军，进攻困守垓下的十万楚军，展开决战！

一切准备就绪，韩信率先向项羽发起攻击。项羽泰然不惧，率领楚军全军出动，直奔韩信中军杀来。在这种绝境中，与士兵拼杀，只能增加己方的消耗。项羽耗不起。他要用猛烈的进攻拔掉联军的指挥部，为逃脱制造机会。

面对楚军疯狂的进攻，韩信麾下的齐军根本抵挡不住。韩信立即命令主力后撤。韩信退得果断，项羽追得决绝。在这紧要关头，刘邦麾下的汉军从左右两翼杀了过来，援救韩信，迅速将冲在前面的楚军骑兵和落在后面的楚军步兵的联系切断，并对楚军步兵展开屠戮。

项羽见击杀韩信已不可能，急忙转身往回杀，试图援救步兵。就在这时，韩信立即命令大军停止撤退，转而追击项羽。面临前后夹击的项羽只好拼命杀回垓下。

在这场被称为"东方滑铁卢"的垓下之战中，楚军死亡四万，被俘两万，只剩四万随项羽退回大营。汉军伤亡更加惨重，死亡十几万。

项羽退回垓下后，重新陷入诸侯的重重包围中。

夜深了。清冷的夜色中，两军营内的篝火与天上的繁星呼应，点点闪耀。饥饿的楚军将士围在篝火前，相拥取暖。然而，前心是暖的，后背是冷的；脸是热的，心是凉的。很多人都在想：江东，我的家乡，我还能否活着回去见我的爹娘？

没有人说话，没有人走动，整个楚军大营，除了偶尔走过巡逻的小队，就如死一般的寂静。正在这时，汉军营里传来了楚歌声。

刘邦发迹于楚地，又占据了楚地，麾下颇多楚人。当看见昔日的同乡被重重围困，想起几年来倒在沙场上的同胞，也可能是有人授意，他们哼起了楚国的歌谣。

幽咽的楚歌声，像利箭，像铜钩，射入楚军的胸膛，钩住了楚军的心房。悲怆的歌声里，楚军将士泪流满面，遥望南方。那里有残破的茅草屋，那里有倚门而立的白发双亲，那里有月光下缝补衣裳的妻子，那里有衔着指头的儿女。为了谁的霸业，为了谁的江山，为了谁的欲望，为了谁的梦想，他们要死在他乡？

军心乱了。一个个流着泪水的身影，留恋地看了看他们的王的营帐，消失在苍茫的夜色中。

项羽也被楚歌声惊醒了。他心情惆怅，叹道："难道刘邦已经把楚国全都攻陷了，怎么这么多人在唱楚歌？"

美丽的虞姬此时正陪侍在项羽身边。她不是项羽的结发妻子，甚至也不是项羽的正妻，心情憔悴地守在项羽身旁。这位来自江南的婉约女子，无数次跟着眼前这个粗鲁的男人东征西讨，眼见着他的男人越来越焦躁，越来越苦闷。见项羽久久不睡，乖巧的虞姬端来酒菜，哄项羽开心。

望了望跟着自己到处奔波的心爱女子，项羽长叹一声，拔剑而起，慷慨悲歌：

力拔山兮气盖世，时不利兮骓不逝。

骓不逝兮可奈何，虞兮虞兮奈若何！

我有拔山之力，也有盖世霸气；然而，时不利于我，乌骓也不得飞驰。乌骓不得飞驰我无可奈何，虞姬啊虞姬，我该当如何？

男愁则唱，女愁则哭。项羽不住地歌唱着，大声歌唱着，宣泄着自己的苦闷。虞姬倚在项羽身边，轻轻地和着：

147

汉兵已略地，四方楚歌声。

大王意气尽，贱妾何聊生。

唱着唱着，项羽的泪水终于止不住地喷涌而出，左右侍从也哭得抬不起头。

据传，虞姬歌罢强颜欢笑，拿过项羽的宝剑，为心爱的男人最后一舞，然后横剑自刎。

香消玉殒，魂归天地，独留项羽站在猎猎寒风中犹自心痛。

又一个轮回

深夜,不甘心的项羽打算再做尝试。这次尝试,项羽残酷地决定,只带少量精锐,寻找包围圈的薄弱环节杀出重围。而更多的楚军将士,是生是死,且看天意吧。

带着八百骑兵,项羽衔枚突围,终于在联军的包围圈上撕开了一条口子,向南遁去。

等到天亮时,汉军才发现昨夜突围的是项羽。虎入山林,祸患无穷。谁都能放过,项羽绝不能放过。追!

骑将灌婴一马当先,带五千骑兵立即追赶,终于寻到项羽的踪迹,紧追不舍。

项羽一路狂奔。逃到阴陵(今安徽定远西北三十公里处)时,他在空旷的田野中迷路了。

前方是一片不可穿越的大泽。项羽急忙折身返回,正好与紧追其后的灌婴等遭遇。几十万人的重围项羽尚能逃出来,又何惧这区区五千人?项羽再次杀出来,转而向东,抵达东城(今安徽定远东南二十五公里处)。此时,他身边只剩下二十八名勇士。

项羽仰天长叹,对这二十八名最后的追随者说:"我起兵反秦至今,已经八年,身经七十余战,从无败绩。我的敌人都被打败,无不降服。因而,我才能够称霸,拥有天下。如今我被困此地,这是上天要亡我，非战之罪。就让我冲入敌阵，放手大杀！临死前定要再斩汉将，砍倒军旗。诸位请看立马扬威！"

汉军很快又追上来了。二十八人在几千汉军之中显得那么渺小，项羽却犹不畏惧。他把二十八人分成四队，每队七人，命令他们各自向四方，在大山东边集合。项羽率先出击。他指着敌军对大家说："你们看着，我现在就冲下去，为你们斩杀一员汉将。"说完，项羽一催坐下乌骓马，向汉军冲去。汉军被霸王的气势震慑，纷纷闪躲。项羽趁机手起枪落，果然有一员汉将被项羽杀死。赤泉侯杨喜见项羽单人独骑，想捡便宜，在项羽身后追赶。项羽回头，圆睁虎目，怒斥杨喜，直吓得杨喜掉头就跑，直逃出千米之外。项羽一路奔逃，在逃亡中又斩杀汉军一名都尉，百余骑兵，在指定地点与其余人会合。二十八名骑士，仅仅阵亡两人。

趁着汉军来不及反应，项羽一直逃到长江边的乌江（今安徽和县东北二十公里处乌江镇）。渡过长江，就是项羽的巢穴——江东。在这一路上，剩余的二十六名勇士或战死，或被擒，也全都不在了。

忠于项羽的乌江亭长正泊船而待。他急忙对项羽说："大王，这一带就唯有我这一条船。请大王随我快快渡江。汉军没有船，追不上来！"

项羽望着乌江亭长，开心地、悲怆地，笑了。走投无路之时，仍然有如此忠心的人在想着他、念着他，如何不开心？八千子弟追随项羽打过长江，如今无一人生还，如何不悲怆？项羽对乌江亭长说："天要亡我，渡江又有什么用？先前江东子弟八千人跟随我出来打天下，如今只有我一人苟活而还，我又有什么脸面见到父老乡亲们？算了，我不回去了。这匹乌骓马，日行千里，随着我纵横天下。我实在舍不得叫它跟我一起死，就把它送给你吧。"

把马硬塞给乌江亭长，项羽步行，回头迎战追兵，又斩杀数百人，身受创伤十余处。这时，项羽在追兵之中看见骑司马吕马童。项羽与吕马童少年时相识，算是故人。因此，项羽对吕马童说："我听说刘季悬赏千金、赐食邑万户，要我的人头。反正我要死了，不如把这好处送给你吧！"

说完，项羽横剑自刎，死在当场。霸王一死，汉军胆子立即大了起来，人人蜂拥上前，争抢项羽的尸体，甚至有人为了争抢而不惜同胞相残。最后，郎中骑王翳、郎中骑杨喜、骑司马吕马童、郎中吕胜、郎中杨武各得了项羽尸体的一部分，他们都得到了刘邦的赏赐。

项羽自杀后，西楚全部投降，唯独鲁地，因为项羽当年被怀王封为鲁公，秉承孔孟之道的忠君思想，坚决不肯投降。刘邦本欲屠城，但感念鲁人的守礼义、为主死节，最终赦免鲁人。鲁人也在见到项羽的尸体后放弃了最后的抵抗。

刘邦最后封项伯为侯，赐其姓刘，又把项羽葬在了鲁国的穀城（今山东平阴西南东城镇），并且亲自主持祭礼，放声痛哭。

这一哭，并非全是虚伪，也有对那一段兄弟情义的哀悼。

项羽已死，四海承平，唯有韩信不能让刘邦放心。跟前一次一样，刘邦突然冲进韩信的帐中，夺了韩信的将军印。随后，刘邦对韩信说："义帝无后，况且你熟悉楚地风俗，所以，齐王你就别当了，我改封你为楚王。"于是，韩信被迁为楚王，以淮北为封地，都城为下邳。同时，他履行承诺，封彭越为梁王，以定陶为都。

将韩信与彭越安排妥当之后，刘邦发下赦令：天下纷争八年，百姓饱受其害。现在天下已定，特赦免死囚以外的全部囚犯。

汉高祖五年（公元前202年），天下诸侯率领文武群臣上表，请汉王就皇帝位。

古人就职，职位越高，越要予以推辞，三辞三让方可接受，以表示自己道德高尚，不图名位。对于大家的请求，刘邦自然要先推辞一番。他回复说："我听说皇帝这个尊号是大贤才配有的，我可担当不起。"

诸侯们自然是再次上书，力陈刘邦就是大贤，说："大王起于百姓，诛灭暴秦，平定四海，分封诸侯。如果大王不受皇帝尊号，我们愿意以死相谏！"但这还不够三辞三让，所以刘邦继续推辞，诸侯继续上表。最后，刘邦看似不高兴地说："既然你们都觉得我合适当皇帝，那我就勉为其难，为这个国家当这个皇帝吧。"

刘邦在汜水北岸筑坛登基，称皇帝，暂时定都洛阳；吕雉为皇后；太子刘盈为皇太子；刘邦已故的母亲被追谥为昭灵夫人。

西汉王朝，从此正式拉开了帷幕。

第七章

开国难,白登首度遭难

西北啸天狼

天将降大任于斯人也，必先苦其心志，劳其筋骨，饿其体肤，空乏其身，行拂乱其所为，所以动心忍性，曾益其所不能。

——孟子

刘邦经千难，遭万苦，好不容易立足中原，原本该尝尝坐享天下的滋味。可是，谁又知道，西北烽烟突起，大将韩王信即刻告急，边民有身陷水火之危。而这危急大汉之人，不是别人，竟是那曾为人质而几近丧命的冒顿。

皇帝登基不久，朝廷初建，朝中文臣忙于定规矩、制礼仪，不知冒顿；武将虽然同样不知，但神气间鄙夷之气颇重，心想区区匈奴，难道能强过蒙恬、项羽之辈不成？我们久经生死、长历战阵，这马上得天下的功夫不是吹出来的。众武将本就对皇帝与儒生日渐走近而颇怀不满，此刻斩将夺旗、重振雄威的机会来了，遂将对腐儒的不满一起泼向匈奴。

匈奴是中国北方的一个游牧民族，逐水草而居，以放羊牧马、狩猎为生。匈奴孩子自小就学骑马牧羊，弯弓射飞禽，投矛杀走兽，四处游猎。又因所居之地奇冷，平日常吃兽肉、喝奶，因此匈奴人个个都长得身强力壮，粗豪大气，可以说是天生的强兵悍将。如果天年好，匈奴就各安其所，各家放各家的羊马，各人狩各人的猎；但如遇荒年，他们就杀意萌生，四处作乱，别说抢夺汉人，即使对本族人也不例外。夏、商、周三朝都遭受过匈奴的侵扰，汉人不堪疾苦，歌曰："靡室靡家，猃狁之故。"也就是说，我们家破人亡，全都因为匈奴。秦始皇统一六国后，命蒙恬领军驱杀匈奴，驰骋七百里，匈奴闻风丧胆，从此不敢南下牧马弯弓。

秦失其鹿，天下逐之，匈奴也趁此机会发展势力，扩充领地。

此时的匈奴首领名叫头曼，头曼就是冒顿的父亲，冒顿是长子，已被立为太子。在匈奴的北方，有一支强劲的队伍是头曼的心头之痛，那支队伍就是月氏。不久，头曼又突然多了一块心病，因为他后娶的阏氏生了个小儿子。按理说头曼喜得贵子应该高兴，可是阏氏软磨硬泡，说什么都要头曼立她儿子为太子。头曼虽不聪明，但也是明事理的人，他知道如果自己身死，一旦阏氏委身于手下一名大将，定会因两个儿子争夺单于之位而弄得匈奴分裂。他阅历丰富，知道分则势弱，裂则力孤，最终走向灭亡。

这一天，头曼将冒顿叫来，说要冒顿前去月氏为质。冒顿认为自己能为父亲出力，而此举既利族人，也能锻炼自己，很是高兴。头曼拍拍儿子的肩头，语重心长地说了句："保重！"冒顿听父亲语带哽咽，一抬头，只见父亲面色凝重，心想那是父亲担心自己安危所致，鼻子酸酸地说："我此去，无论如何，定能含垢忍辱，不负所托。为防军心动摇，我走时就不必送行了，再说孤身一人，月氏也放心。"

头曼老泪纵横，半晌说不出话来，一双手紧紧地握住冒顿的手。

冒顿刚到月氏，月氏人暗藏于匈奴的内奸就报告说头曼正整顿军马，即将偷袭。月氏诸将大怒，骂头曼阴险毒辣，不惜以儿为饵，吵嚷着要斩冒顿。冒顿来者不善，心想我离家背族，全拜月氏所赐，既然亲身而入，索性探探他们的虚实，将来双方交锋也有准备。他偷偷摸摸地转了几处，从一个马夫的口中听说马房中有匹日行千里的高头大马，心下暗笑，想世间岂有此马，转身就走，耳边隐隐传来"……那马一身白毛，毫无杂斑……"忽然火把明亮，四野犹如起火,接着吵吵嚷嚷不断,说:"抓住奸细!""拿住匈奴来的那个小杂种!""那小杂种一定就是匈奴王子!"只见火把先是围住冒顿居住的地方,之后四散开来,各处都有。

冒顿心中一惊,随即镇定,心想自己已经暴露,逃命要紧。当下不及细想,径直窜向马房,果见一匹高头大马,全身皆白,甚是雄壮。冒顿解开缰绳,飞身上马,双腿一夹,白马奔驰如飞,稍有片刻,回头只见初时刺眼的火把细微如晨星。

一夜奔驰,回到家中,冒顿早已疲惫不堪,那马的精力却似乎比昨晚更为旺盛。头曼听说冒顿回了,心里先是一喜,随即忧从中来,即刻去见冒顿,欲问缘由。冒顿一心以为月氏大军压境而族中无人知晓,也不管疲惫,急急忙忙去见头曼。两人在半道相遇,冒顿刚要说月氏情况,头曼却先问他是怎么回来的。

冒顿只好说是逃回来的,待他还要再说,头曼摇了摇手,又是一副心事重重的样子。

次日,头曼召见冒顿,给他一万精骑,让他带兵驻外。冒顿满腹疑团,为何父亲见自己时忽喜忽忧?为何他刚回来月氏就没消息?刚想出言询问父亲,阏氏却拉着小弟弟走进来,只见阏氏脸俏眉细,话语轻柔,委实娇丽难言;又见自己的小弟弟穿得雍容华贵,举止落落,不禁想到他有族长之福。

这一日,冒顿正在训练手下兵将,如厕时听到两人一言一语,说的竟是头曼如何安排他为人质,如何再佯装攻打月氏以便借月氏之手除了他。冒顿怒从心上起,抓起两人就是一顿暴打,有一人挨不住,竟说出他是阏氏的亲信,知道阏氏为唆使头曼另立太子而安排借刀杀人的计划。冒顿呆呆地暗自回想,蓦地见到他弟弟雍容华贵的服饰,双眼一眨,落了两滴泪。

自此冒顿不离军营,整日勤练兵将,他让阏氏的亲信去向阏氏报告,说冒顿蠢笨得紧,练军也不够灵活。冒顿营中立了条军规,说:冒顿箭锋所向，兵将必随，否则立斩；冒顿箭射走兽，兵将凡有不遵者，立斩。

不久，冒顿又射他的爱马，不随他而射的兵将又都被斩。又过了一段日子，冒顿当众射杀自己的妻子，那些不射的兵将又被斩。有一次，冒顿箭射头曼的坐骑，众兵将无不追随而射。见头曼的坐骑满身是箭，冒顿心下自喜，脸色却依旧如常。又过几天，冒顿约头曼外出狩猎，头曼驰骋当先，搭箭就要射向一只飞奔的小白兔；冒顿也是左手控弓，右手搭箭：突然，两箭齐发，可头曼射中白兔，冒顿却射中头曼；霎时间，头曼已满身是箭，如只刺猬。

头曼死后，冒顿自封单于，大肆诛杀，不听号令者无一幸免。

东胡欺冒顿新立，派使者来说："我们头领想要头曼骑的那匹千里马！"冒顿问群臣，群臣怫然坚拒，冒顿却笑嘻嘻地说："一匹马，为它而得罪邻国，值得吗？"群臣见冒顿竟将救过他的马轻轻易易地送人，愤恨填胸，脸上却不便发作。不久，东胡又来要阏氏，冒顿仍问群臣，群臣怒不可遏，捋袖宣拳，作势欲打，冒顿却亲自送阏氏出门。

东胡王接到阏氏后大喜，想冒顿是个草包，随即西侵冒顿，派使游说冒顿，想要匈奴与东胡间的那块地。冒顿仍是问群臣的意见，群臣都说那地荒芜，不要也行。冒顿却跳了起来，厉声道："土地那是一个民族的生存之本，为什么不要？为什么要白白送人？"冒顿下令斩使祭旗，率兵亲征；东胡人骄傲轻敌，一鼓被灭。冒顿一战得胜，战利品颇盛，借此机会，西驱月氏、南败楼兰等族，并收复先年蒙恬从匈奴手中所占的土地。

冒顿发展势力时，恰逢楚汉相争，因此南下的阻力不大。凭借这段短暂的时期，冒顿成为统率三十余万精兵强将的首领。趁此大势，汉高祖六年（公元前201年）秋，冒顿死困大将韩王信于马邑。同年九月，韩王信投降，冒顿翻山越岭，攻陷太原，兵临晋阳城。

当冒顿兵临晋阳时，大汉朝廷中，儒生正为武将的不知礼、不守礼而头疼，武将却也正为文臣的那一套套腐礼缛节而心烦，大汉朝廷对眼前的危机毫不知情。

刘邦失算，被困白登山

韩王信是汉朝大将，勇不可当，为汉室立下不少汗马功劳。刘邦登基后，分封韩王信一块强兵劲旅之地，那就是太原，让韩王信督军晋阳城，防杜匈奴侵犯。韩王信到晋阳后上书，匈奴屡犯边境，晋阳离边界太远，请求布军于马邑，刘邦全部允可。然而，刚到秋天，冒顿倾巢而下，三十万大军将韩王信团团围住，韩王信一面派人向冒顿求和，一面发书向刘邦告急。

汉朝也发兵救急，但怀疑韩王信图谋不轨。刘邦给韩王信一封书信，责备说：你如果贪生怕死不勇猛，就不能胜任大将之职；区区匈奴，难道可以围困你？韩王信接到书信后，思前因，想后果，害怕被诛杀，约同冒顿攻打刘邦，让马邑给匈奴，两军合力攻取太原，兵犯晋阳城。

汉高祖七年（公元前200年）冬天，刘邦享受到为帝之贵后，御驾亲征。铜鞮（今山西沁县南）一役，首战告捷，斩韩王信部将王喜。铜鞮是通往晋阳城的关隘，铜鞮一破，汉军汹涌而来，韩王信知道晋阳难守，当即逃往匈奴。

这时已临冬天，天气越来越冷，北方风雪早下，天地茫茫一片。败军溃散，刘邦一鼓作气，大驱军马，追亡逐北，直杀到楼烦（今山西宁武）。此时天大寒，中原士兵有两三成人被冻掉手指，异常酷烈。

虽然天寒地冻，晋阳因无大将据守，刘邦一鼓攻取。刘邦听说韩王信已经逃到匈奴，十分愤怒，前前后后一共派了十多名使者前往匈奴探听虚实。使者都回报说，匈奴人羸弱，匈奴军疲弱，匈奴的羊马瘦弱，要打赢匈奴不难。

刘邦谨慎，再派娄敬前往匈奴查探。风雪漫天，雪积阻路，异常难行，刘邦久等娄敬，毫无音讯，下令进军。娄敬顶风冒雪，快步奔回，在半道遇上前进的刘邦大军，刘邦问匈奴军事实力如何。娄敬所见与其他使者看到的一样，但却说出不一样的话。娄敬说："大凡两军相交，彼此总是要让对方看到自己的强处。我去匈奴，只见弱民、疲军、瘦马，冒顿这样做，一定是想让我们以为匈奴势弱，他可能早已伏下精锐之师。我认为不可轻易对匈奴用军。"

然而此时刘邦已然发兵，三十多万大军全在路上，听到娄敬那使人丧气的话后，刘邦大发流氓脾气，厉声大骂他一通，遂驱军前进，囚娄敬于广武（今山西代县西南），也就是句注山下。

冒顿见汉军势大，一时难以抵御，于是领兵撤退。汉军见冒顿兵撤，大举追击，势如平原跑马。汉军一路追击，所遇全是老弱病残，畏惧之心大去，刘邦命三十多万大军全力追击。三十多万大军，虽然迎风冒雪，但毫无阻碍，如入无人之境，大踏步而行，毫不戒备。刘邦领着随行部队，轻轻松松地比步兵先到平城（今山西大同）。刘邦刚到平城，领兵视察白登，当即被冒顿派精锐骑兵围困于白登（今山西大同东北），七日七夜衣食难继。

刘邦身陷白登，只见四野全是匈奴军。匈奴骑兵很彪悍，西方一队，全是白衣白马，十分威武；东方一队，全是青衣青马，肃然骇人；北方一队，全是黑衣黑马，雄壮无比；南方一队，全是红衣赤马，挺首昂立。刘邦心下暗悔，懊丧难言，急欲寻思脱身之计。

"陈平，我军被困，而大军未至，武力是行不通的，平日你计谋最多，说说该怎么办。"陈平是汉家谋士，刘邦很仰仗他的计策。

"我也知道匈奴势大，但绝没想到如此之大，再加上那万夫不当的韩王信。唯今之计，只有如此如此，此招虽是险招，但除此别无他法。否则我们再多困几日，就算不被打死，也将饿死。"

陈平究竟对刘邦说了什么妙计，司马迁和班固没有记载，后人就更不知了。据传说，陈平又使离间计，派巧舌如簧的使者，以厚礼兼卑辞游说冒顿的阏氏。这阏氏立刻就对冒顿说：

"你是贤主，白手起家；刘邦也是，甚至起家时吃的苦比你还多。既然同是贤主，又何必互相为难呢？该当英雄惜英雄，好汉爱好汉！再说，依我看，就算你占据了汉人的土地，也守不住，你没注意到韩王信吗？他可是志向不小。这些天我见白登山上，整日云缠雾绕，似有仙气，我怕那刘邦是神人之子。如果他真的是神，我们匈奴可得罪不起！"

这几天白登山浓雾密集，能见度极低，致使冒顿弄不清刘邦的虚实，不敢贸然发兵攻打。听阏氏这么一说，冒顿还真有点疑心。冒顿本已和王黄等人说好，冒顿以疲兵弱将引诱刘邦入伏，待冒顿困住刘邦，王黄等即刻发兵夹攻刘邦。可是冒顿的消息发出几日，眼见约期已过，仍不见王黄等人身影。冒顿疑云大起，害怕王黄等背约降汉，自己反遭其害。于是当机立断，命兵将让开一个小角，想看看刘邦虚实。

隆冬天气，大雾弥漫，久久不散。冒顿这一小角刚移动，陈平忙命兵将弯弓搭箭，紧紧簇拥刘邦逃亡。众弓箭手前后左右围在刘邦身边，弓拉得满满的，每人手上都多上一支箭，心神专一，大气都不敢多出一口。刘邦刚逃出冒顿的包围，命夏侯婴即刻驾车奔逃，片刻间安全逃离白登，平安躲入平城。

刘邦进入平城，大汉步军三十余万也汹汹涌涌地集聚城下。冒顿见汉军势大，而自己苦心经营的计谋已然落空，如果硬战，伤亡必大，因而引军后退。刘邦经白登之围，惊惧犹在，知道冒顿绝非善类,也下令班师回朝。刘邦被困白登,为大汉留下耻辱,匈奴渐渐骄横,不将汉军放在眼里。

刘邦撤军,兵过广武,放了娄敬,喟然说:"我不听你的话,致使被困平城,差点连命都没了。我已经斩了那些尽说'匈奴可击'之人。"刘邦封娄敬关内侯,赐号建信君。

陈平救驾有功,被封为曲逆侯,享有曲逆的赋税。那曲逆是个极好的地方,房屋高大富丽,刘邦说他遍历天下,只有洛阳和曲逆两地为最。

刘邦撤军回朝时,留下一王一将驻守代郡(今河北蔚县)。然而,这一王一将是谁?他们能否保卫边疆安全?

拉亲带故，和亲才能挽回面子

自刘邦经白登之辱，当即由平城班师，留下刘仲（刘喜）和樊哙守御代郡，封刘仲为代王，樊哙为将辅助刘仲。樊哙勇不可当，是猛将；刘仲一没本事，二没胆量，只会逃跑，是个草包。

十二月，匈奴大军再次南下，一举攻取代郡。匈奴军至，刘仲竟然不请救兵，私自弃城，径直逃回洛阳。代郡之役，不战而败，委实可耻。刘邦贬刘仲为邰阳侯，改封爱子刘如意为代王。刘如意生母戚姬很得刘邦宠幸，刘如意又类似刘邦，刘邦很想改立刘如意为太子。刘邦封刘如意为代王，就是想慢慢提升他的资格，最终改封为太子。

刘邦自平城班师，心情既沮丧又郁闷，经过赵王张敖的封地，骂得张敖狗血淋头。张敖是刘邦的女婿，对刘邦极其有礼，可不知什么原因，刘邦见张敖一次就大骂一次，仿佛张敖是他的前世冤家。刘邦的破口大骂令张敖的部属看不过去，但又不好说什么。张敖既然无能，遇见这样的岳父，只能怪自己命不好。

刘邦班师回朝后，忙于追杀韩王信的旧部残余，没理会匈奴。击杀韩王信残部后，刘邦回到洛阳。洛阳虽然是天下大富之地，但刘邦仍旧被匈奴之恨所折磨。刘仲无能，代郡之失更令刘邦不悦。

一日，刘邦问娄敬，该如何对付匈奴。刘邦想起自己就是因为不听娄敬的话，才有白登之围的。娄敬想说，但又有点害怕；刘邦询问再三，娄敬才战战兢兢地说："现在天下才刚刚安定下来，生产未复，兵将也受战争的疲累，天下是不能再用武力了。冒顿那厮，弑父杀君，炫耀武力，自立为王，还娶自己的后母们为妻妾，无耻至极，这种人用仁义绝对说服不了。为今之计，我想只可以从长远打算，让匈奴子孙向我大汉子孙俯首称臣。然而，这个办法，恐怕皇上您不愿意。"

"如果真的有用，朕有什么不能做的。你这个办法究竟是什么，要朕怎么做？"天下事，刘邦件件敢做，此话不假。

"只要皇上能够让长公主下嫁匈奴单于，赠送丰厚大礼，匈奴这等蛮族必然仰慕我汉室威仪，使长公主为阏氏。长公主为阏氏，她生下的孩子就是太子。单于死后，太子就继承单于之位。再说，匈奴之地蛮荒得紧，他们一定贪恋我们送去的礼物，舍不得拒绝。皇上每年送他们一点点礼物，让巧舌之士从中游说，匈奴人蠢笨得紧，一听就信。当此情境，如果冒顿还活，他是你的女婿；如果冒顿死，你的外孙是单于。难道你听说过外孙与外公分庭抗礼的事吗？我劝你还是不要再与匈奴打了，再打下去损失难计呀！然而，和亲之计虽然有效，如果你嫁的不是长公主，而是用宗室、后宫，甚至平常百姓家的女儿，那么匈奴人知道他们娶的不是贵人，此计就无用了。"

"好，此计真妙，从此我大汉无忧也！"项羽追击时，刘邦为了性命，连长子刘盈都可以不要，现在丢弃一个女儿在刘邦心里算不上什么。

娄敬提议和亲是希望女婿不为难岳父，或者外孙不为难外公，或者外甥不为难舅舅，让娘家拥有发展的安定环境。娄敬的和亲只是权宜之计，他的根本大计在汉室的后世子孙身上。娄敬的提议是好的，但在施行过程中出了问题。

鲁元公主是长公主，早已嫁人，所嫁之人正是张敖。刘邦从没正眼看过张敖，对张敖，心情好时不理不睬，心情不好就大骂痛骂。对刘邦而言，张敖活着碍眼，死了也算不了什么。

刘邦将欲远嫁长公主之事告诉吕雉。吕雉是又气又急，又哭又闹，最后坚毅地说："我只有一个儿子，一个女儿，你为什么就要把我的女儿远嫁匈奴，你这不是抛弃她吗？"

刘邦同吕雉说了一大通，吕雉说死说活，就是不答应让长公主远嫁匈奴。吕雉坚毅刚烈，闹起脾气来，刘邦也束手无策。别无他计，刘邦只得秘密另找一位女子冒充长公主远嫁匈奴。而这护送假长公主远赴匈奴之人，就是出此计谋的娄敬。理想是美好的，现实是残酷的，从美梦中起身，娄敬带上假公主远赴匈奴和亲。

和亲并没有依照娄敬的提议施行，和亲从一开始就变了味。一位皇帝接一位皇帝慢慢变更，最终变成远嫁宫女。宫女多来自民间，生活凄苦，到宫中寂寞难言，遇上和亲之事，自然常常让敏感的文人借题发挥。

和亲后，汉朝与匈奴誓约为昆仲兄弟，双方各安其所，互不侵犯；汉朝以宗室女子远嫁匈奴单于为阏氏，并赠送丰厚的絮缯酒食等物品。汉朝人多物丰，送人就如送泥巴，送物就如送石头，朝廷绝不吝惜。

和亲确实为汉朝带来了间断性的、短暂的安宁。

娄敬护送长公主和亲归来，对刘邦说："匈奴、白羊和楼烦等族离长安很近，只有七百里，轻装骑兵一天一夜就能到达。关中受战争破损，人口少，土地肥沃；现在你虽然身居关中，但人口很少，难以发展，应该充实。当初诸侯四起时，各国有田姓家族，楚国有昭、屈、景三族等豪强富户，他们势力大，应该控制住。还有，长安北近匈奴，东有过去的六国强族，一旦天下变动，家族联合作乱，皇上你将坐不安席，卧难安寝。微臣建议，将田姓、楚国、燕国、赵国、韩国和魏国等王族后裔和豪门富户全部迁往关中。天下无事，他们可以作为抵御匈奴的力量；如果有变，皇上也有兵东征。这一招，叫作强本抑末。"

刘邦采纳,移民十万充实关中。这十万人并非平头百姓,而是富商豪族,牵连极广。一时间,长安五方杂处,富户、豪强、游侠、盗贼等全部充塞长安。长安城中诸人良莠不齐,每有犯事,牵连极众,治安很难管理。

娄敬向刘邦提了两个建议,两个建议对后世的发展都有影响。第一个是和亲的延续,宫女们成了和亲的最佳人选,而非公主;第二个是移民守陵,此后,每当皇帝下葬,朝廷便迁移百姓守陵。

第八章

江山自做主,剪除异姓王

太子的废立风波

异姓王张敖因手下行刺刘邦而被贬为宣平侯,赵王的位子就该换成刘姓子弟来做了。谁得了赵王的封号呢?是刘盈的弟弟,刘邦的宠子,刘如意。

虽然是庶出,但刘如意有位既年轻漂亮又妖媚的妈妈——戚姬。戚姬是定陶大美人,她在刘邦心目中的地位也许比吕后还高。刘邦是公认的好色之徒,因为好色做出丑事也是常事。

同是女人,但戚姬的心计、智谋和历练都不及吕后,可是她拥有一个女人,尤其是皇帝的宠姬所拥有的一切本领。她长得漂亮,多才多艺,能歌善舞,更会撒娇装哭。刘如意被封为赵王,就是因为她受刘邦的宠爱。

生性厚道的刘盈,很喜爱他弟弟刘如意。然而,吕雉刻薄狠毒,恨戚姬更恨刘如意,因为她害怕刘盈的太子之位被刘如意抢去。刘邦偏偏喜欢刘如意,有意另立刘如意为太子。刘盈虽是太子,但面对种种关系,他注定了要在夹缝中生存。在皇宫,如果没有实力,太子也难当。

汉高祖十年(公元前197年)七月,太上皇刘太公死了,戚姬哭成了泪人儿,趁此机会让刘邦立刘如意为太子。刘邦见戚姬凄楚可怜的模样就动了心,想到刘盈懦弱无能,不如刘如意,就决定废刘盈立刘如意。刘邦刚说想另立太子，大臣们各执一词，争论不休，见大臣多偏护刘盈，刘邦不敢贸然废除刘盈，但立刘如意的主意已经打定，只等时机到来。朝臣争执不下时，杀出一位虽不善言、但是敢言的大臣——御史大夫周昌。

周昌是刘邦的同乡，做过秦朝的卒吏。他说话口吃，但是不怕死，想说什么就敢说什么。一次周昌在刘邦闲暇时进宫奏事，正好撞上刘邦抱住戚姬调情，周昌恼怒，掉头就走。刘邦将他追回来，伸手摸着他的脖颈，问："你说我是什么样的皇帝？"周昌抬起头，严正地说："你就是夏桀和商纣一样的皇帝。"刘邦无言相对，只是笑了笑，内心从此却忌惮周昌。

听说刘邦要废刘盈，周昌大怒，质问式地说："我话说不好，但是这……件……事……就是……就是……不行……如果……如果……皇帝……你……要废……太子……太子……我……我……就不……听……你的召唤。"刘邦听后，笑了笑，说不废刘盈。废太子之事就此告一段落。

当时在隔壁听到周昌说话的吕雉跑出来，跪在周昌面前，说："要是没有你，太子就被废了！"

吕雉如此刚毅的人，做出如此行为，可见刘盈的太子之位对她多么重要，同时也可以看出此时的她十分无助。周昌几句话就暂时保住刘盈的太子之位，吕雉对他感恩戴德。

废太子的事搁浅了，戚姬的愿望落空了不说，她手里还捏了一把汗。尽管刘如意是赵王，可是他年纪小，自己做母亲的又没势力，吕雉并非善类，而朝中大臣又帮吕雉母子，这周昌就是典型例子。身在皇宫，一旦扯入权力斗争，倘若不成功，必然被害。为了赵王和自己的安全，必须找个厉害之人保护，戚姬很犯愁，找谁呢？

符玺御史赵尧见刘邦心忧，知道升迁的机会来了，就对刘备说："皇上你不高兴，是不是因为赵王年幼，然而戚姬与皇后矛盾深，担心一旦自己驾崩后，没人保全赵王？"刘邦说："确实如此，就是不知道该怎么办。"

"这就简单了，只要皇帝你在赵王身边安排一位让皇后、太子和大臣们又敬又怕的相国辅助就行了。"

"我也这么想，可是大臣中谁适合呢？"

"依我看，只有御史大夫周昌能胜任，此人耿直敢言，吕后、太子和大臣无不对他又敬又惧。"赵尧盘算着，只要挤走周昌，赵尧就能接任御史大夫一职。既为皇上解忧，自己又能升迁，真是天下少有的美事。听了赵尧一番话，刘邦觉得很有道理。

于是刘邦就派周昌去赵国做相国辅佐赵王。周昌只得领命而去。周昌走后，赵尧顺利说服刘邦，接任周昌。有的事，不能只靠实力，还要看能不能美言，赵尧就是能美言的人。赵尧使计调走周昌，吕雉顿时少了一只胳膊，对赵尧记恨于心。

周昌一走，刘盈的保护伞丢了，吕雉当即愁上眉梢。吕雉再一次发愁，愁思难解，有人建议他请张良出马。此时的张良正闭关清修，想做神仙，不理世事。张良智计百出，吕雉听到这个建议大喜过望，命吕泽前去，无论如何都要请张良出马。

吕泽一见张良，就问："你是皇上的谋臣智士，现在皇上想废太子，你怎么还能高枕而卧？"张良回答说："以前皇上多次被困，我出计那是应该的；现在天下是刘家的天下，他爱立谁废谁，那是他们骨肉之亲的事，就算我们做臣子的有几百人劝说又怎么样？"张良不愿牵扯进别人的家事，与诸葛亮相似。

领了死命令的吕泽知道，没有结果就不能回去见吕雉。吕泽耍强横，无论如何，定要张良出一计。面对吕泽如此蛮横的态度，只能给吕雉指条明路。

"废立之事，仅靠嘴说是不行的。皇上所钦佩，却又不能招纳的就是四个人，你们将那四人聘请来就行了。那四人都老了，因为皇上轻慢士人，逃进山里，誓不为汉臣，但皇上很看重他们四人。如果你们能以卑词厚礼、太子亲笔书信婉言相请，应该能请来。请他们辅助太子，上朝时让皇上见见，帮助会很大的。"

这四人，就是商山四皓，分别是东园公唐秉、甪里先生周术、绮里季吴实和夏黄公崔广。

张良不愧是汉室的大谋士，他一语中的，吕后果然将那四人聘请来了。这四人一来，奇谋屡出，让刘盈平平安安地走过一切魔障。

狡兔死走狗烹

刘如意升迁为赵王，刘邦就封刘恒为代王。如果说刘盈因不像刘邦而不受喜爱，刘恒更加不受刘邦喜爱。刘恒的母亲薄姬默默无闻，不受刘邦宠爱。刘恒仁爱厚道，也同薄姬一样默默无闻。在皇宫里，他母子就跟没有一样。刘恒年幼，陈豨暂代刘恒前往代郡管理。陈豨是宛朐（今山东菏泽县西南）人，有勇无谋。这位陈豨平素敬服韩信，前往代国上任之前去向韩信辞别。

这些年来，韩信一直都说自己有病，上不了朝。此时的韩信，已被削了兵权，贬为淮阴侯。韩信出此招，全因害怕刘邦忌妒他的才能；可是这样一来，朝中对他的怨言更深。韩信恃才自傲，也不管朝臣怎么看他。他称病居家的这些日子，就只有两人前来看望过他，第一位是樊哙，第二位就是陈豨。

曾经叱咤风云、横行天下的韩信，如今不得不称病窝在家中，一无消遣玩乐，二没知己拜访，自然极为郁闷难熬。想到知己，知己就到。正当韩信郁闷苦痛之时，陈豨登门拜访。

有朋自远方来，不亦乐乎！陈豨一来，韩信当然高兴。他拉着陈豨的手在庭院里走了一圈又一圈。韩信一边走一边仰天悲叹，叹了又叹，最后说："你来看我，但你是可以说真心话的人吗？我有好多话想同你说。"韩信如此坦诚，陈豨受宠若惊，马上回答："将军发令，唯命是从。"

韩信是位将兵的天才，樊哙这样威猛的人，娶了吕雉的妹妹后，对他尚且前一声"大王"后一声"大王"的，敬佩之情难表。韩信要告诉真心话，陈豨自然高兴得不得了。

"你将要去的地方，那里部署天下精兵，你又是皇上十分宠爱信任的人。第一次有人告你反叛，皇上一定不信；第二次再有人告，皇上才会怀疑；到第三次，皇上一定发怒，御驾亲征。皇帝一走，我在关中起事，你在外接应，天下就是我们的了。"

对于韩信的能力，陈豨毫不怀疑，甚至就这一点而言，他相信韩信胜过相信自己。能跟这样一位旷世大将干大事，就算失败也会失败得轰轰烈烈，就算死也死得气贯长虹。陈豨信服韩信，将命豁出去，准备大干一场。

于是，到了代郡的陈豨马上广招宾客，大力培植势力。

周昌见事不对，上书刘邦说陈豨的家臣太多了，又带兵在外，要防范他谋反。刘邦派人查陈豨家臣的履历，发现他们大部分都有犯罪记录。陈豨此时已经派人私下串通王黄和曼丘臣等人，预谋造反。造反还没发动，皇帝已经知道信息，韩信当即命王黄劝陈豨自立为代王，即刻攻打赵国，抢占根据地。

赵国住有刘邦的爱子刘如意和耿直敢言的周昌，刘邦大怒，命太子刘盈征讨。

太子亲征这事并非表面上那么简单。前来保护太子的商山四皓竭力反对，他们认为，如果太子带兵征讨会很危险。他们对吕泽说："太子带兵在外征讨，对他继承皇位没多大益处。如果没功，从此将留下话柄，妨碍接任皇位。"

刘邦想借太子出征一事，随便找个茬子将刘盈废了，另立刘如意为太子；可是商山四皓早就看透了，只得作罢。

汉高祖十一年（公元前196年）冬，刘邦亲征陈豨，群臣送到灞上。刘邦自沛县起兵就征战四方，那时年轻，也没多大关系；然而，年纪每增一岁，身体就一日不如一日。打了大半辈子，好不容易打得这天下，刘邦还要再打。打天下难，守天下更难。

刘邦出外亲征，韩信装病没跟随前往。刘邦刚走，韩信私下派人到陈豨处，又和家臣计划如何假装大赦罪犯和奴隶，趁机发兵攻打吕雉和太子，一举夺取长安，称霸天下。韩信将一切布置妥当，只等陈豨消息。

"真是天助我也！"这是刘邦到了邯郸之后的心情。他见陈豨不据守邯郸却驻防漳水，很高兴，心想陈豨死期不远了。刘邦攻打陈豨，卢绾也想尽尽力，表表忠心，从东北方攻击陈豨。陈豨兵败，派人去向匈奴求救。卢绾也派张胜去劝匈奴不要帮助陈豨，但张胜却将卢绾给弄成反贼。

韩信久等陈豨的消息不得，却等来了一个叛徒。正当大事之际，韩信门下一名叫栾说的舍人得罪韩信，被抓关起来，将要问斩。栾说有位弟弟，将韩信的密谋全部告诉吕雉。吕雉想直接招韩信进宫诛杀，又担心刘邦不在，韩信拒不受诏令，于是招萧何密谋。韩信称病，强横的吕雉都如此忌惮，可见韩信威势慑人，既使人害怕，又令人敬服。

突然，宫中大传，说刘邦回来了，陈豨已死，朝臣全体入朝拜贺。萧何来见韩信，说："你虽然身体不舒服，这么大的喜事，还是要去贺贺，解解朝廷对你的疑心。"韩信消息不通，不知真假，借此机会，欲往宫中探听虚实。

所谓"成也萧何，败也萧何"，韩信太过相信这位老朋友了，他刚一入朝，就有一众武士跳将出来，干净利落地将他绑了，吕雉下令立刻斩首。刽子手手起刀落，韩信死在长乐宫的悬钟室。原来刘邦还没回来，一切全是萧何的主意：诈称陈豨被诛，刘邦回来，宣韩信入朝，即刻问斩。后世流传"成也萧何，败也萧何"这句成语，原指韩信的生死起落都拜萧何所赐，后来指某些东西关涉成败。

韩信临死，留下一句话，说："我当初不听蒯通谋划，致使今天命丧女子计谋，难道不是天意吗！"

大凡名人，他的遗言不论如何总对历史有那么一点点影响，韩信的也不例外。韩信话中提到蒯通，他因此受到牵连。原来，刘邦大破陈豨归来，听说韩信死了，又高兴又哀伤，真是百感交集。

"韩信死时有什么说的？"刘邦问吕雉。

"有什么说的，他说后悔不用蒯通之计，致使遭受妇人计谋，难道不是天意。"

刘邦大怒，说蒯通竟然敢教人谋反，下令将蒯通抓捕，热水伺候。

猛将彭越身死名辱

蒯通劝韩信谋反,韩信不听,他害怕被诛,于是装疯扮傻,改做请神送鬼之事。但蒯通是游说辩士,他当然也要为自己开罪。

"你为什么要教韩信谋反?"刘邦恨恨地问。

蒯通不装疯了,一字一顿地说:"我劝韩信的时候,我只知道韩信,不认识你刘邦。秦国无道,丢失天下,这天下就好比一块大肥肉,大家都可以抢。谁不想做皇上?只是能力不及罢了,你能将这些人都给杀光吗?"刘邦听后,觉得言之成理,于是放了蒯通。

韩信一死,刘邦就对那些称病的人大起疑心,想他们躲起来的原因就是有密谋。如果没有密谋,就不会见不得太阳,就不会整天称病在家。这样一想,刘邦突然想到一人,那人名叫彭越。

彭越是盗匪起家,跟随刘邦打天下。项羽死后,彭越就是梁王,住在定陶。头几年他还来朝拜,后来朝拜就淡了,最后称病不朝。

刘邦领兵攻打陈豨,在邯郸就向梁王彭越征兵。刘邦本意不是征兵那么简单,而是想让彭越领兵相助。彭越称病,派部属带兵到邯郸见刘邦。刘邦大怒,派人前去责难彭越。彭越很害怕,想亲自去向刘邦谢罪。

彭越部下大将扈辄对彭越说:"你开始不去,待皇上责备后才去,这不是明摆着心里有鬼吗?你这一去,必然被抓,还不如起兵造反。"

彭越不用扈辄之计，也不去见刘邦，仍日称病居家。

刘邦所封的异姓王，都是该反不反，不能当机立断，致使命悬人手，实在可悲！

韩信表面称病，实际却在家谋反。刘邦再想，实在觉得彭越可疑，苦在证据不足。正巧彭越的太仆犯事，逃到关中，告诉刘邦说彭越与扈辄想要造反。刘邦一听，机会来了，马上派人突击逮捕彭越，并将彭越押到洛阳。廷尉审讯，确定彭越称病意图造反，去问刘邦该如何处置彭越。

刘邦突生慈心，念在彭越以往的功劳，没杀彭越，贬彭越为庶人，也就是贬为平头百姓，将彭越发配蜀地青衣（今四川乐山北）。

彭越是山东人，被发配四川，自然极是不愿意，苦苦寻思挽救之法。

这一日，彭越向西走到郑（今陕西华县），恰好遇上吕雉从长安东去洛阳。不晓得彭越是老糊涂了，还是被吓傻了，他竟然去求吕雉。病急乱投医，彭越死得糊涂。

彭越声泪俱下地求吕雉。"皇后啊，我真的没有想造反，我是无辜的呀。求你看在我们一起打天下的分上，向皇上求求情，我只想回到故乡昌邑。"彭越哭得可是越来越凄凉。

吕雉对彭越说："你放心吧，你的事我全都知道。你忠心耿耿，不像韩信，我一定在刘邦面前替你求情。"

吕雉嘴上说得好听，行动更爽快，带彭越一起去洛阳。一路上，吕雉对彭越可是好得不能再好，可能刘邦都没享受过此等待遇。

刚到洛阳，吕雉就去见刘邦，彭越感激涕零。

"彭越是壮士，你把他发配到蜀地，不是养虎遗患吗？依我看，不如将他杀了。你放心，我会给你省事的，我连他的人都带来了。"吕雉说得绘声绘色，刘邦听后豁然开朗。

吕雉心狠，刘邦手辣，彭越死定了。

吕雉带彭越回来，为安定彭越，自然不会让彭越再回牢里去，而让彭越住在自己家里。

突然，吕雉的家人上告彭越谋反。廷尉上奏刘邦，刘邦皇令一下，连彭越的宗族都给灭了。开国大将，落得如此下场，真让后人不忍听闻。彭越一介武夫，可能不知道"是可忍，孰不可忍"。

人就是一日不如一日，曾经驰骋沙场的彭越，竟然就这样被吕雉给杀害了；而且到死都不知道自己是怎么死的，说不定，彭越在阴间还说吕雉好。一代战将，如此死法，真是可悲！

彭越死后，头被悬挂在洛阳城上，刘邦下了一道令：谁为彭越收殓，就抓谁。这时有一个身穿官服的人前来向彭越的首级奏事，奏完事后，他竟然将彭越收装入殓，大哭痛哭。

这痛哭之人，就是栾布。栾布和彭越关系好，彭越救过他一命。彭越出事时，栾布恰好出使齐国，不在朝廷。分别才几日，回来一见，故人兼救命恩人被枭首示众，如何不痛哭？

逮捕栾布后，刘邦大骂："你是彭越这反贼的同伙吗？我命令不准收殓彭越，你偏偏收殓，还大哭痛哭，这明明是反贼行为。拉出去，煮了。"士卒将栾布抓到热水面前，栾布回头对刘邦说："我想说一句话再死。"栾布嘴上说"说一句话就死"，其实心里想的却是"说一句话后就不会死"。

"说什么？"刘邦此时就像满脸杀气的刽子手。

"当初皇上被困彭城，败在荥阳、成皋之间，项羽之所以不能向西前进，全因为彭越兵驻梁地，同汉军一起对抗楚兵。那时的成败全系在彭越的一念之间，彭越帮助楚兵，楚兵就赢；彭越帮助汉军，汉军就胜。况且垓下之战，如果没有彭越，项羽不会死。平定天下之后，彭越被封为王，他本想让王位传递万世。你向梁王征兵，梁王有病不能率军前往，你就怀疑他谋反。他也没有谋反的行动，你就凭细枝末节将他斩了，我只担心功臣们因此而人人自危。现在彭越死了，我也生不如死，你就将我煮了吧。"

刘邦一听，觉得栾布的话有道理，于是将栾布给放了，封为都尉。

刘邦虽然放过栾布，但是他将彭越剁成肉酱，每个诸侯都送一碗。正因这一碗人肉粥，又害死了一位开国功臣。

战火再次燃起

唇亡齿寒。刘邦连诛两位开国大将，众诸侯无不心惊，功劳越高，越是心惊。在这些胆战心惊的人中，英布最为害怕。他提心吊胆，整日惴惴不安，惶惶不可终日。

听到韩信被杀的消息，英布担心下一个就是自己。到了刘邦杀彭越的时候，英布更加担心下一个就是自己。杀了彭越后，刘邦没单独对付英布，但给英布送了碗人肉粥，这人肉就是彭越的肉。

使者送人肉粥给英布时，正好遇上英布打猎。英布一见人肉粥，马上召集部属集合待命，下令隔壁县郡警备。英布知道防范，比前两位家伙多吸取了一点教训。然而，刘邦没发兵，只是送碗粥。自此，英布坐不安席，睡不安寝，总感觉有柄剑悬在头顶。

这几天，英布很宠爱的那一位宠妾病了。给这位宠妾看病的医生住在中大夫贲赫的对门，为尽人臣之礼，贲赫带上礼物，前去看望，还在医生家同那位宠妾吃了顿饭。一天，这位宠妾陪侍英布，大夸贲赫有长者之风。英布一听很生气，问她怎么知道的。这位宠妾将贲赫去看望她和在医生家一起吃饭的事都说了。英布醋意大发，怀疑贲赫同他的宠妾通奸。

英布如坐针毡，对什么都害怕，对什么都小心，对什么都怀疑。刘邦一碗人肉粥，弄得大将英布如此，真是伴君如伴虎。

猜忌成性的人往往把自己推入险地。贲赫听说英布怀疑自己与宠妾通奸，非常害怕，装病不见英布。英布听说贲赫装病，怒气更盛，马上派人捉拿贲赫。贲赫趁机逃跑，上书刘邦，告英布谋反。英布派人追贲赫，兵将无用，没捉住。贲赫刚到长安，又告英布谋反，建议趁英布未反，朝廷先发制人，派兵将英布给斩了。

造反之事，宁可信其有，不可信其无。见开国大臣相继谋反，刘邦又是大怒，欲发兵诛杀英布。贲赫此招，叫借刀杀人。

刘邦拿贲赫的信给萧何看，萧何说："英布应该不会谋反，恐怕是仇家诬告。先将贲赫抓起来，再派人到英布那里暗中查看。"萧何是旁观者清，可是当局者难清。

英布早已经是草木皆兵，他知道贲赫到长安是想告发他，怀疑贲赫说出了他封国境内的秘事。刘邦又派人来，这一切都验证了他的猜想。英布当机立断，杀了贲赫一家，起兵造反。

刘邦听到英布起兵造反，立刻放了贲赫，封贲赫为将军。

"英布造反，该怎么办？"刘邦问诸侯们。

诸侯们都说："派兵去将他给杀了，除此还能怎么办？"

派兵，派兵，派谁呢？刘邦老了，不能再接二连三地征战了，否则他会死在战场的。称帝之后，刘邦就想躺在温柔乡里，平日上朝都是樊哙强行拉出来。刘邦征讨开国功臣，遇见的第一个难题不是手足情谊，而是人才不足。汝阴侯夏侯婴举荐自己的家臣，此人人称薛公。因为薛公有见地。

夏侯婴对家臣薛公讲英布反了，薛公说："本来就应该反。"

夏侯婴听后一惊，问："皇上分他地，赐他爵位，他已经当上万乘之主，为什么还要反？"

"皇上前年杀韩信，去年杀彭越，韩信、彭越和英布三人的功劳一样，他们三人是三位一体，生死相连。见韩信和彭越都死了，英布担心自己被诛，因而谋反。"

刘邦召见薛公，薛公对刘邦讲，英布造反不是怪事，英布不过有三条路可选，不必忧心。第一条路，是上计，如果英布用上计，山东就不是刘邦的了；第二条路，是中计，如果英布用第二条计，刘邦与英布的胜败存亡就说不定；第三条路，是下计，如果英布用第三计，刘邦就可以垫高枕头睡大觉，不必担心。

那所谓上计、中计和下计又是指什么？薛公一一详细讲解。

如果英布向东攻吴，向西取楚，再吞并齐国和鲁国，然后将战争檄文传遍燕国和赵国，以此巩固他的地盘，那么山东就不再是刘邦的了；如果英布打下吴国和楚国，又攻下韩国和魏国，霸占敖仓的粮食，以成皋之险要坚守，那么胜败就难说；如果英布向东取吴国，向西占下蔡，将辎重安放在越国，准备跑去长沙，那刘邦就可以高枕而卧，英布的造反对大汉一点影响都没有。

"但是，英布会用哪一计呢？"刘邦急切地问。

"下计。"

"上计那么好，他为什么不用上计，而用下计？"

"英布是骊山的一个囚犯，现在虽然是万乘之主，但他只会为眼前的切身利益打算，哪里会想到身后之事，所以他一定行下计。"

刘邦听后很高兴，封薛公千户，亲征英布。

所谓谋士，就是能将全国形势囊括于胸，对利弊权衡得透彻，驱除将领的焦虑，让明主安心出征。薛公就是这样一位谋士。

张良抱病送刘邦到曲邮（今陕西临潼南），对刘邦说："我本该也去，但病重。楚人勇猛迅捷，皇帝你不要和他们硬打。"张良劝刘邦让刘盈为关中将军监军。刘邦命张良做太子傅。张良向来忠心，况且他是真病，不是装病，刘邦对他很放心。

为了鼓舞士气，英布对他的将士们说："皇上老了，打仗也打厌倦了，一定不会亲征。刘邦所能派遣的将领中，我只害怕韩信和彭越，现在他们两个都死了，其他人我不怕。"

"勇而无谋，只会狠打狠杀"，这是英布留给世人的印象。英布适合做前锋大将，不适合做王侯，更不适合当军师。

果然，如薛公所料，英布首先攻取荆国（今江苏苏州），荆王刘贾逃跑，死在富陵（今江苏洪泽西北）。刘贾无用，刘邦的另一位堂兄刘仲也无用，刘仲的儿子刘濞却非常厉害。此次刘邦大败英布，刘濞的勇猛贡献了很大的力量。英布军败被诛后，刘邦封刘濞为吴王，镇守吴国。

英布收编刘贾的兵将，渡过淮河攻击楚国。楚王兵分三支，欲使三军互成掎角之势，其中两军与英布军在徐县（今江苏泗洪南）和僮县（今江苏泗洪西北）交战。

有人劝楚国将军说："英布善于用兵，军民一贯敬畏。况且兵法云，诸侯兵在本地作战，会因恋土怀安而容易败散。现在分军三支，如果敌人破一支军，剩下的两支就会逃散，不会彼此救援。"楚国将领不用此言。英布打败其中一支军后，剩余的那两支果然逃散，三军互不相救。

固执己见是行军大忌，难道楚将不知道项羽败在固执吗？难道楚将不知道刘邦因不听娄敬之言而险丧白登吗？楚将不以前车为鉴，必然重蹈覆辙。

一路西行的英布军，与刘邦军在蕲（今安徽宿迁东南）西相遇，在甄（今安徽宿州南）地作战。英布军兵强将勇，刘邦在庸城观看，见英布布的阵很像项羽布的，刘邦很是气愤。刘邦老远就喊，问英布："我们关系好好的，你要造反，这是何苦？"英布回答："只是想当当皇帝。"

真是虎死余威在。项羽死了那么久，刘邦见他的战阵仍然大恨。刘邦恨项羽天生神力，更恨项羽拼死追击，仿佛被追击的狼狈又重现脑际。

刘邦破口大骂，大驱军马掩杀，英布军军阵被破。英布军渡淮河，汉军乘胜追击，英布军被迫停下和刘邦的军队战斗好几次，每次都是失利逃跑，最后英布带领几百人逃到长江以南。

刘邦虽然破了英布的战阵，大败英布，但他也被流矢击中。这次受伤原本没什么大碍，可是刘邦老了，身体不行，路上又颠簸，人又爱发脾气，竟然遗留下丧命的隐患。

先哲说，凡拿剑者，必死于剑刃。大汉开国武将相继被诛，刘邦也因征讨而受伤，命不久矣。韩信、彭越、英布等开国大将都死于兵刃，只是没为同一目标而死。

英布曾经是长沙王吴芮的女婿，吴芮死后他儿子吴臣继承长沙王位。长沙王派人对英布说愿意帮助英布逃到越国。英布听信吴臣之言，一路南逃，在兹乡（今江西鄱阳西北）被番阳人杀死。

手足反目，卢绾身亡

当初刘邦攻打陈豨，卢绾为表忠心，也从东北方尽力攻打，并派一人去劝匈奴不要帮助陈豨。卢绾又出兵，又出智，用心是忠诚的。然而，好的用心总会在实践中偏离正道。一旦偏离正道，就成了邪道。

为了斩杀逃向匈奴的陈豨，卢绾派张胜前去匈奴，说陈豨已经大败，劝匈奴不要帮助陈豨。张胜忠于卢绾，不想反汉朝。卢绾和张胜他们原本对汉朝都是忠诚的。

没想到，张胜到匈奴遇见的第一个人是臧衍。臧衍是项羽部将臧荼的儿子，父亲兵败后，他逃到匈奴，终日寻思报仇之计。臧衍没兵，不算勇猛，但他有智慧。

他乡遇"故"知，张胜和臧衍都是兴奋异常。两人席地而坐，促膝而谈，彼此倾心，心怀大畅。两人侃侃而谈，谈着谈着，臧衍就对张胜说："你之所以在燕国的地位很重要，全是因为你对匈奴很了解。燕国之所以能够生存到现在，那是因为诸侯接连不断地造反，战乱不断，朝廷无暇。现在，你为燕国想马上就将陈豨等反贼给灭了，然而，如果陈豨等死了后，下一个要死的就是燕王，同时你也难逃。你何不暂且留陈豨等一命，联合匈奴，如果双方相安无事，燕国平安；如果刘邦逼急了，你们也能保住燕国。"张胜一听，觉得不错，同时让匈奴兵攻打燕国军队,以消除刘邦的疑心。

乍一听来,臧衍说得有理,可是仔细一想,就知道他毫无道理。如果卢绾诚心忠于刘邦,刘邦根本不会诛杀卢绾。张胜同意臧衍,全是恐惧心理在作怪。刘邦连诛韩信、彭越、英布三位异姓王,这对异姓王已经是一种恐怖信号。恐怖之下,人人自危。内心忧惧的人只会让感性奴役理性,他们害怕得失了判断力。张胜就是在刘邦诛杀异姓王的恐怖威胁下,糊里糊涂地听信臧衍。

知道匈奴兵攻打燕军,卢绾就怀疑张胜联合匈奴造反,马上上书请求刘邦允许灭掉张胜全族。这时的卢绾还很忠于汉朝,他做的每件事都向着朝廷。为了朝廷,他不惜杀掉一个了解匈奴的将军,不惜牺牲张胜全家。

卢绾的书信刚发出,张胜从匈奴回来了。张胜忠于卢绾,将他在匈奴的一切都告诉卢绾,尤其将臧衍的话转告卢绾。

兔死狗烹,韩信、彭越和英布三位异姓王都死了,卢绾心中非常害怕。这几位异姓王中,韩信最厉害,韩信先死;彭越第二,所以第二死;英布死后,异姓王就只剩卢绾和吴芮。长沙王吴芮不足道,所以最厉害的异姓王就是卢绾。如果朝廷诛杀,卢绾就是下一个目标。面对刘邦的恐怖政策,卢绾也不得不怕,他感觉到自己生活在死亡的威胁中。

在这种威胁中,卢绾也失去了理智,觉得臧衍说得很对。臧衍表面给卢绾指了条进可攻、退可守的路,实际上那是一条不归路。卢绾没有先掂量一下自己,首先有没有造反的本事;其次能不能抵抗刘邦;最后能不能联合匈奴。

卢绾太害怕了,他如同行走在黑夜里,别人伸手给他,他就跟着别人走了。卢绾双管齐下,首先找人冒充张胜全族,斩假张胜全族,派张胜为信使,联络匈奴;其次,派范齐去见陈豨,商量双方连兵之事。卢绾这么做,是很奸诈也很严重的脚踏两只船的行为。说奸诈,因为他一心二用；说严重，因为后果不堪设想。卢绾是位不会设想后果的将军，他如果认真想想，万一陈豨兵败，他还能支持多久。一旦陈豨被诛，消息泄露，卢绾就成了反贼。果然，陈豨被斩后，部属投降，将卢绾派范齐私通陈豨的事告诉刘邦。

对付了那么多反贼，刘邦总结出一条检验别人是否忠诚的高招，叫验诚招。看他是否造反，遣使召回长安，如来，证明不反；如不来，一定反；如果称病不来，必然居家谋反。刘邦招卢绾来长安，卢绾称病相辞。

虽然心中怀疑，但卢绾毕竟是刘邦一起玩到大，一起打天下的好兄弟，刘邦就给了他点特殊待遇。刘邦派辟阳侯审食其和御史大夫赵尧去接卢绾来长安，命两人随便暗中打探。

朝廷派来两位高级官员，卢绾一是害怕，二是心虚，竟然躲藏不见人。他躲得了一时，也躲不了一辈子。尴尬人难免尴尬事，卢绾不是谋反的材料，他一谋反，必然错误百出。

如果说卢绾是位猛将，他的造反行为无异于自断手足。卢绾造反，步步是错，丢尽了天下反贼的脸面。

纸是包不住火的，审食其听到风声，将一切上报刘邦，刘邦很生气。不久，抓住一位匈奴将领，这位将领承认张胜为燕国出使，住在匈奴。

造反之路走得曲折而痛苦，时间仿佛都为卢绾凝冻。人证物证俱全，容不得不信这个好兄弟造反，刘邦只说一句："卢绾果然造反！"气从中来，奄奄一息了。

刘邦派樊哙征讨卢绾，后来周勃代樊哙领军征讨。卢绾带着他宫里的人、家属，率领几千骑兵，在长城下等候。卢绾是这么想的，等刘邦身体好点，气消了，再亲自进宫谢罪。

卢绾做事不想后果，一直在做着白日梦。英布造反何等爽快，韩信死得何等畅快，彭越去长安何等明快，只有卢绾一直活在自己营造的理想世界里。

然而，天不遂人愿，刘邦驾崩了。刘邦是被卢绾造反活活气死的。

刘邦一死，卢绾知道自己脱不了干系，马上逃到匈奴。匈奴封卢绾为东胡卢王。卢绾这东胡卢王并不好当，常常受到蛮夷的侵扰。

流落异乡，卢绾日日思乡，终日郁郁，一年多后，死在匈奴。

如果说刘邦诛杀异姓王的恐怖要为卢绾的造反负责，那么卢绾客死他乡只能怪他屡屡失误。卢绾没有造反的天赋，既然不会造反，就不该造反。

第九章

生前身后事

大风起兮云飞扬

刘邦大破英布军后，班师回朝，路经家乡沛县。沛县百姓大宴汉军，一连十几日。酒酣耳热之际，刘邦自作自吟一曲《大风歌》，表达渴求猛士守御疆土的壮阔情怀。

一路行来，为流矢所伤的刘邦都是躺在车中静养，可是他脾气过大，动不动就大怒，伤势难愈。

沛县是他的故乡，刘邦班师回朝要经过沛县。听说皇帝将到故乡，乡亲们又高兴又欢喜，杀鸡宰鹅，大摆宴席，伏道迎接。刘邦班师回朝，一支军队全在沛县大吃大喝，场面十分壮观。

这场吃喝，不只空间场面壮观，时间也持续得长，刘邦大军接连吃了好几日。昔日的市井小民当上了皇帝，什么都不缺，老乡们趁此良机一天一大宴地招待他，满嘴奉承，讨好了说不定有奖赏，不讨好就要遭殃。当年燕太子丹对荆轲三日一小宴、五日一大宴，如今刘邦受此一天一大宴的待遇，比荆轲可是有过之而无不及。

乐景足以生哀情。刘邦为流矢所伤，正郁闷伤感，遇到这种热闹场合，很合他的胃口。刘邦既是皇帝，自然不会推推让让，假作客气。叔伯子弟们相邀，刘邦更不客气，坐上高席，肉来吃肉，酒来喝酒，喝得昏天黑地。

刘邦虽然不解风情，不懂吟唱，但当上皇帝后，姬妾们整天载歌载舞,他就知道歌舞可以助兴。一边吃,一边喝,另一边还有人吟唱才有意思。行军打仗没带上姬妾,刘邦就找其他人代替。刘邦召集沛县的一百二十个孩子,教他们唱歌。皇帝看重,这帮孩子受宠若惊,拼命地练习。不出几天,这些孩子就能唱出音律的味儿。

叔叔从左边敬一杯,伯伯再从右边劝一杯,耳听童子吟唱,刘邦坐在席上大吃大喝,好不舒服。喝得酒酣耳热,思绪飘飘,刘邦不禁细想往事。想当初,刘邦提三尺长剑,独力斩白蛇,指天誓地,起兵反秦。那时他不也是酒意正浓？刘邦一出沛县,撞上勇猛无敌的项羽,被打得包头鼠窜,无地自容,差点连命都丢了。好不容易诛杀项羽,刚登上皇位,皇帝的福还没享够,异姓王接二连三地谋反,天下骚动,朝廷不安。再想到年老力衰,伤病缠身,无力领兵再战,然而天下英豪无数,不禁又担心百年身死后的朝廷安危。思绪及此,彷徨无计,心中感慨,起身击筑而歌:

大风起兮云飞扬,

威加海内兮归故乡,

安得猛士兮守四方。

一曲唱完,心中波澜兀自起起伏伏,难以平静。刘邦这一曲慷慨激昂,威严霸道,然而隐隐透出内劲不足、余力难继的沉郁。刘邦深深舒了口气,叫孩子们和着他的唱腔,高声大唱。孩子们众口同声,歌声高亢雄伟,但稚嫩的喉音夹杂其中,隐隐透出一丝丝悲凉、无助。

歌声一遍又一遍进入刘邦耳中,仿佛钱塘江大潮,一浪拍打一浪,后浪击打前浪,将刘邦的心事推向高潮。

刘邦听得兴起,离桌舞剑助兴。刘邦在场中舞剑,孩子们站在两旁,歌声阵阵如大风吹拂,刘邦不禁想起征战四方的场景。剑法越舞越凌厉,刘邦越想越深,蓦然感到部将们相继去世,而大汉江山仍是摇摇晃晃,一时悲从中来,慷慨伤怀,两行眼泪流了下来。

刘邦对沛县的父老乡亲们说:"在外的游子,无论过得多好,都会因思恋故乡而伤悲。我虽然拥有天下,住在长安,我的内心可是思念沛县的,它是属于沛县的。我从沛县起兵反抗秦朝暴政,拥有天下,所以我封沛县为皇帝的汤沐邑,善待沛县的百姓,永远不向你们征收赋税。"

沛县百姓这些天的宴席没白摆,收效还是很好的。刘邦免了他们的赋税,他们办宴席又更加尽心。

后来刘邦要走,沛县百姓百般挽留,非常舍不得。刘邦说:"我们兵将太多了,百姓们供给不起。"于是刘邦大军班师回朝。

沛县百姓全县出动,抬酒挑饭,一路远送刘邦。这一路走去,又是边吃边走,边走边吃。盛情难却,刘邦大军少驻,扎营和沛县百姓大吃大喝三天。这时,沛县百姓全部下跪,说:"皇上免除了沛县的赋税,丰邑的还没有免除,希望皇上可怜可怜丰邑百姓。"

刘邦听罢一怔,深吸一口气,淡淡地说:"丰邑,那是生我养我的地方,我当然忘不了。可是丰邑的百姓却为了一个雍齿背叛我,想到痛处,我心里不舒服,不能免除他们的赋税。"

天下没有不散的筵席,天下也没有免费的馅饼。刘邦免除了沛县的税赋,沛县百姓仍旧如此盛情款待刘邦,就是为了求刘邦连丰邑的赋税也给免了。刘邦一口拒绝,沛县百姓闭口不答应。沛县百姓带来了酒食,又请刘邦喝酒,试图说服刘邦。

刘邦在沛县横行霸道那么多年,害苦了沛县百姓,现在轮到沛县百姓给他吃点"苦头"。刘邦终于无奈,只得也免了丰邑的赋税。刘邦在沛县大吃、大舞、大歌十多天。在这十多天中,陈豨和英布都被前去追杀他们的将领所杀。

而刘邦的伤病一直没有痊愈,死亡的阴云已经笼罩在这个开国大帝的头上,所以刘邦打算回宫就将继承人之事敲定。这汉室的第二位皇帝,将会是谁呢?

陈平掉泪全身而退

卢绾造反对刘邦的打击很大，可以说刘邦是被卢绾活活气死的。当然了，这与刘邦不会控制自己的脾气，衣锦还乡时饮食不规律也不是没有关系。

刘邦被英布的流矢所伤，吕雉急忙派太医前往。刘邦问太医他的病能不能治好，太医说能，刘邦突然破口大骂："我是一介布衣，提三尺剑斩白蛇就打下这天下，这难道不是天命吗？既然我命在天，就算扁鹊在世对我又有什么益处。"

生死有命，富贵在天，这是很多失败者常常发出的慨叹。项羽兵败垓下，叹了句"天亡我，非用兵之罪也"；韩信临死，也说"吾不用蒯通计，反为女子所诈，岂非天哉"。殊不知，谋事在人，既然不用谋略，死也不奇怪。

太医受到刘邦的封赏，却让刘邦撵了出去。有病不医，就只能病死。当一个人病入膏肓时，来了位太医可以治病，他却说要听命于上天，难道太医不是上天所遣吗？凡夫俗子只想看见奇迹，然而，如不身体力行，哪来奇迹？

吕雉见刘邦不行了，忙问："你死后，倘若萧何也跟着去了，谁能够代替萧何？"刘邦说曹参可以。吕雉又问曹参之后谁能担当大任，刘邦说王陵憨直，陈平有智，加上木讷的周勃，这三人定能保全汉室江山。吕雉再问，刘邦就不知道了。

实际上，这是刘邦留给吕雉的一大难题。这帮家伙一个比一个难以对付。萧何勤勤恳恳，对刘氏兢兢业业，堪称模范。如果能收为己用，萧何对吕雉的帮助不小。曹参是个表面糊涂、内里精明的人，吕雉想掌权不能不考虑曹参的阻碍。王陵直肠直肚，必然阻碍吕雉掌权。周勃勇猛，唯陈平马首是瞻。陈平看去平平淡淡，吕雉偏偏测不出他有多深。更为棘手的是，陈平和灌婴领兵十万驻守荥阳，樊哙和周勃领兵二十万驻守燕代，吕雉稍有不慎，马上人头落地。

刘邦死了好几天，吕雉也不发丧。吕雉想掌权，担心陈平、灌婴、周勃等大臣反对，苦思计策。见吕雉愁眉不展，宠臣审食其建议，说："开国功臣同皇上一样，都是平民百姓。打赢天下后，诸将身为臣子，心里很不舒服。皇上死了，让诸将服从新皇帝，只有一个办法，将他们全斩了。"

胆小的审食其所求不过是大臣臣服于刘盈，吕雉的胃口却更大，她要朝臣臣服于她。审食其说得对，只有诛杀大臣，才能保证权力顺利过渡。只要诛杀大臣，就没人敢说"非刘氏而王，必诛"之话。只要功臣全死，吕雉就能掌管天下，刘氏天下就变成吕氏天下。

皇帝驾崩的消息传到郦商的耳朵里。他看透吕雉的阴谋，恐吓审食其，说："我听说皇上驾崩了，然而都四天了，你们还不发丧，是想先诛杀诸位开国大将吗？如果你们真这么做，那么大汉天下就危险了。陈平和灌婴领兵十万驻守荥阳，樊哙和周勃领兵二十万驻守燕代，他们听说皇上死后，自己就要被诛，一定会领兵反攻关中。如此，内有大臣叛变，外有诸将造反，你们就跷着脚等死吧。"

郦商此话，如军中擂鼓，惊醒梦中的吕雉。吕雉一心掌权，心有所欲，思虑被蔽，只觉得宠臣审食其说得很对。审食其说得对，但没有可行性，如果贸然施行，必遭武将造反、文臣叛变的祸患。一旦大臣造反，吕雉掌权的黄粱美梦就破灭了。

吕雉寻思，只有先发丧，来个缓兵之计，以静制动，先看看陈平、周勃和灌婴等人的举动。如果陈平和周勃等识相，吕雉和他们暂且相安无事，否则，一场大战一触即发。

二月十八日，吕雉发丧，大赦天下。

人死后就是一具尸体，还没死的人想怎么处理就怎么处理。刘邦将彭越剁成肉来，与吕雉迟迟不给他发丧，实际上也没有多大的区别。

五月十七日，刘邦葬于长陵（今陕西咸阳东北）。刘盈继位，时年十六岁。

《史记》记载，刘邦死后，群臣觉得"高祖起微细，拨乱世反之正，平定天下，为汉太祖，功最高"，尊称为高皇帝。后世称刘邦为汉高祖，称刘盈为惠帝。

刘邦死后，吕雉就想找大臣的不是，借机铲除，为掌权铺平道路，陈平恰好撞在吕雉的刀口上。

卢绾造反，刘邦病重，命樊哙带军征讨。刘邦病得头昏眼花，听说樊哙是吕雉的党羽，存心诛杀爱子刘如意、爱姬戚氏，当即怒从心上起，说："樊哙见我病重，就想杀我的儿子，斩我的美人，我先将他杀了。"令陈平和周勃前去军中斩杀樊哙。

曾经，在鸿门宴上，勇敢的樊哙救了刘邦一命。刘邦打天下时靠他，守天下时同样靠他。刘邦平定各路王侯的叛乱，几乎每次樊哙都立大功。刘邦爱樊哙的勇猛，也害怕他的勇猛。樊哙是吕雉的妹夫，刘邦担心自己死后，樊哙倒向吕雉，诛杀戚姬和刘如意。刘邦还没死，樊哙就想杀害戚姬母子，刘邦如何不恨。

这个任务真叫陈平尴尬万分，不杀樊哙是抗旨，杀了后患无穷。首先，樊哙屡立大功，是朝廷要员。其次，樊哙是吕雉的妹夫，倘若有人进谗，吕雉的辣手就要伸向陈平。

陈平和周勃领了圣旨前去，陈平担心吕雉报复，对周勃说："樊哙是皇上的故交，况且功劳不小，再加上是吕雉的妹夫，又是皇室亲戚、朝廷贵人。皇上一时生气让我们去斩他，如果皇上突然后悔了呢？我们还是先将樊哙抓住，带他去长安，让皇上发落。"陈平果然厉害，这么一来，如果刘邦斩樊哙，责任就不在他身上；如果刘邦宽释樊哙，他就是樊哙的恩人、刘邦的好帮手、吕雉的贵人。陈平这一招，卸去了仇怨，保存了恩情，为自己留下后路。

还没到军中，陈平先筑个坛，招樊哙前来领旨。樊哙有勇无谋，一招就来。樊哙刚到，立即被抓。周勃代樊哙督军攻打卢绾，卢绾逃到长城下，静观事变。

谁想行至半途，刘邦死讯传来。陈平担心樊哙的妻子吕媭向吕雉进谗，于是抛下樊哙慢行，只身急去长安奔丧。果不出陈平所料，刚到荥阳，就遇见招他回长安的使者。陈平快马加鞭，火速入宫，痛哭刘邦。吕雉见陈平哭得悲怆难抑，心先软了。待陈平哭诉出刘邦派欲杀樊哙而陈平将樊哙押回长安听候发落后，吕雉知道樊哙没死，很高兴。

陈平哭得很悲痛，吕雉也生了恻隐之心，对他说："你不要太伤心了，注意身体。"陈平不仅有智，还很会表演。他表演得太真了，连心狠手辣的吕雉都骗过了。哭是戚姬的专长，但只能骗刘邦，哭不是陈平的专长，但竟能骗吕雉。都说眼泪是女人最厉害的武器，有时男人的也是。三国时期诸葛亮哭周瑜，与陈平哭刘邦有异曲同工之妙。

为确保安全，杜绝谗言，陈平请求为刘邦守灵，暂留长安，静观事变，吕雉应允。

陈平一计，樊哙官复原位，自己全身而退，这就是智慧。

俏戚姬惨变人彘

人事有代谢，往来成古今。刘邦一死，刘盈继位，吕雉就是皇太后，权倾天下。刘盈年幼懦弱，生性敦厚，吕雉刚毅无比，大权全归吕雉。吕雉等了好久终于等到今天，她感到前程似锦，一片光明。

公元前194年，刘盈继位，史称汉惠帝元年。

刘邦死前就很担心戚姬和刘如意的安危，临死时因樊哙有擅杀之心欲斩樊哙。刘邦越是疼爱戚姬，吕雉越恨；刘邦要戚姬活，吕雉就要她死。刘邦死后，他的担心就变成现实。

吕雉将戚姬囚禁在永巷。这永巷，就是人们常说的冷宫。吕雉费了一番心思，给戚姬打扮得人不人，鬼不鬼。首先，吕雉将戚姬剔成光头，脖子给她戴上铁圈，美貌的戚姬既像尼姑，又像丑鬼。其次，给戚姬穿上囚犯的衣服，派她舂米。戚姬的美貌不在了，芊芊玉手变粗了，然而，她还剩曼妙动听的嗓音。

遭遇如此，悲从中来，不平之气压也压不住。就如唐代诗人韩愈所说，物不得其平则鸣。戚姬一边舂米，一边唱歌：

子为王，
母为虏，
终日舂薄暮，
常与死为伍！

相离三千里,

当谁使告汝?

一位能歌善舞、深受皇帝恩宠的美人,遭遇如此,都是为了孩子,她所想的当然是赵王刘如意了。可是,吕雉就是不让她有思恋之情可寄。吕雉想,你既然想刘如意,我就将他给杀了。吕雉连派三拨使者前去招刘如意回长安,三拨使者都无功而返,因为刘如意身边有位很厉害的周昌。周昌敢想敢说,刘邦都敬他三分,何况是吕雉。

耿直的周昌直接对吕雉的使者说:"高祖皇帝嘱咐我辅助赵王,现在赵王才十二岁,年幼。我听说皇太后对戚夫人厌恨极深,想叫赵王去将他们母子一并杀死。我不敢让赵王随你们去;再说赵王身体不适,不能奉诏前行。"

遇上这种顽固不化的家伙,吕雉先是大怒,接着就寻思将他这块大石搬开之计。周昌曾经帮助刘盈,吕雉虽然心狠,但也记恩。倘若周昌是无恩之人,即使他是大磐石,吕雉也要将他砸碎。

压下怒气的吕雉,命令招赵相周昌回长安。身为朝臣,周昌别无他法,只得回长安。汉朝规定,各封国二千石以上官吏的任免权在朝廷。相国属于二千石以上官吏,受朝廷的直接任免。吕雉四两拨千斤,大磐石周昌回到长安。

前脚周昌刚回长安,后脚吕雉就派人去招刘如意。这次刘如意是来了,但结果大出吕雉意料,因为中途杀出一位她做梦都没想到的人。此人正是惠帝,他的儿子刘盈。刘盈没有刘邦的流氓气,也没有吕雉的歹毒心。刘盈宽和仁厚,很喜爱刘如意,知道吕雉阴险毒辣,亲自到灞上迎接刘如意。

突然杀出这么一个宝贝儿子,吕雉气她自己的儿子不了解自己的心意。

兄弟情深,刘盈陪刘如意进宫,一起玩耍,一起吃饭,一起睡觉。总之,两人形影不离。刘盈这招够尽心的,然而,他只知道和刘如意天天在一起吕雉就无从下手，不知道他不能时时刻刻都和刘如意在一起。

吕雉必杀刘如意，刘盈阻挠，就另待时机。刘盈天天陪在刘如意身边，吕雉就时时刻刻盯住他们。对吕雉而言，等待是最具杀伤力的，是消灭敌人最锋利的武器。她等了那么多年才等到刘邦驾崩，刘盈即位，不急于这一时三刻。

刘盈和刘如意一起玩耍，一起吃饭，一起睡觉已有几个月了，吕雉在旁静静等待时机，苦苦等待。皇天不负苦心人，机会终于来了。

这天，刘盈起得很早，要去打猎。作为皇帝，有很多必修功课，打猎就是一门。刘如意睡得很甜，刘盈叫了几次，刘如意还是起不来。刘盈不忍扰他美梦，独自出去打猎了。刘盈可能想，一时三刻出不了岔子，可历史就因一时三刻的疏忽决定命运。刘盈回来后，只见刘如意硬邦邦地躺在床上，死了。刘如意好不悲惨，刘盈好不后悔。原来，吕雉见刘盈出去，让人端了杯鸩酒给刘如意喝。刘盈很伤心，可是更伤心的还在后面。

若没有亲情，没有家，人这一世荣辱成败都毫无意义。刘盈这个善良的人，总是遇上亲人相残的惨事，先是刘邦踢他摔下马车，接着就是母亲鸩杀爱弟。亲人不断犯下罪行，可这痛苦却要他弱小的心灵承担，因为他父母都没有犯罪的概念，更没有亲情的伦理。刘邦和吕雉犯下罪行，刘盈替他们承受痛苦，这是痛苦中的痛苦。

儿子一死，母亲也跟着遭殃。吕雉命人先砍断戚姬的手足，再挖去眼睛，毒聋耳朵，最后下药药哑。这么一来，戚姬不能走，只能动；看不见东西，听不到声音，说不出话，深刻体悟到世界的所有痛苦。

"人彘"，这是吕雉给关进地窖的戚姬取的新名字。

过了几个月，戚姬也该适应在地窖当"人彘"的生活了，吕雉让刘盈去参观宝贝。打开一个小孔，一线光亮射入，刘盈看见一个有身体，有头，没有手和足；会动，不会说话的又像人又不像人的东西，心下大骇，问："这是什么？"

"是什么？就是戚姬！"

刘盈一听，痛哭不已，一病不起！这一病，病了一年多起不来床。

活着就是一种悲哀，更悲哀的是这种悲哀跟自己毫无关系，自己偏偏不得不承受这种悲哀。刘盈是悲哀的化身，是痛苦的代表。

一年多后，刘盈好不容易下床。他叫人给吕雉送去一句话，说："你这样做不是人做的。我是你的儿子，我绝不再管理天下！"

自此，刘盈天天饮酒作乐。

刘盈承受不住吕雉所带来的痛苦，他以冷漠对待。如果吕雉是个多愁善感的人，她一定会屈服。但吕雉生性刚毅、心狠手辣，冷暴力对这个女人毫无用处。

公元前193年，刘肥前来朝拜，刘盈对哥哥刘肥很好。吕雉妒忌心极强，见不得亲人对外人好。刘邦宠幸戚姬，她就害死了戚姬；刘邦喜爱刘如意，她就毒死了刘如意；刘盈对刘肥好，她就要整治刘肥。刘盈和刘肥同桌吃饭，刘盈让刘肥坐上座，彼此以兄弟相称。吕雉在旁，见他们如此，心里不高兴。吕雉叫人端来两杯鸩酒，让刘肥向刘盈祝酒。古时的规矩是，为表诚敬，谁敬酒，谁先喝。刘肥站起来，刘盈也站起来，欲与刘肥一齐同时喝酒下肚。吕雉看见刘盈站起来就要喝酒，一把将刘盈的酒给推翻了。

虎毒不食子，此话有理。吕雉恶毒，但没对亲生子女下手。她是失去了人性，仍保存母性。

刘肥对吕雉的举动感到奇怪，不敢再喝，装醉离席。后来刘肥知道吕雉给的是鸩酒，忧心忡忡，害怕不能活着离开长安。

内史给刘肥出了个主意，说："太后只生有皇上和鲁元公主，鲁元公主只享有几个城池的赋税，而你有七十多个。如果你将一个郡的赋税送给鲁元公主，太后一定非常高兴，那你就没有什么可担心的了。"

吕雉是慈母，也是恶人。她的权力欲很强，害人的欲念很盛。为保存性命，刘肥将城阳郡献给鲁元公主，尊鲁元公主为王太后。吕雉非常高兴，赐美酒给刘肥喝。不久，让刘肥回他的封地。

鞠躬尽瘁萧何瞑目

自刘邦称帝,萧何一直担当丞相一职。萧何恪尽职守,为汉室尽心尽力,但是他越是尽心尽力,被疑心的危险就越大。萧何将全部精力放在本职工作上,可谓鞠躬尽瘁,没感觉到别人在他背后议论他。

功高盖主,必有大患!韩信谋反,萧何用计斩韩信,刘邦回来后拜萧何为相国,加封五千户,令他率领五百人保卫关中。召平是局外人,清楚其中微妙,将"功高盖主,必有大患"的道理告知,劝萧何不可接受封赏。萧何采纳,没领受刘邦的封赏。

是金子,不会生霉;怀高才,总会体现;有德行,必得民心。萧何兢兢业业,稳打稳进,为民谋利,深得民心。当初刘邦进入关中,与民约法三章,深得民心。萧何为相十年,为民谋利,轻而易举地抢走了刘邦用生命换取的民心,刘邦不悦。刘邦带兵征战在外,最不放心萧何。刘邦认为萧何就如一汪平静的水面,不知道什么时候会兴风作浪。

英布造反,刘邦在外征讨,多次派人问萧何在做什么。

萧何对待主人的敌人,如韩信,他智谋百出,对刘邦忠心耿耿。萧何有智慧,但他从来不会怀疑主人。凡主人所命,他死力施行;凡主人所言,他绝不起疑。

刘邦发问,萧何老实回答,说:"你们回去告诉皇上,他领军在外，我会替他安抚百姓。我会将我所有的东西全部捐献给军队，就像皇上征讨陈豨时做的一样。"萧何为了国家，不要家庭，为了大家，不要小家。百姓最敬佩这样的人，所以萧何深得民心。虽然刘邦屡次遣人问他忙什么，萧何从来没有怀疑过刘邦。

家臣见萧何如此，提醒萧何，说："你就快要被灭族了。你现在身居相国之位，功劳第一，一切都已到达为臣的极限。皇上进关中时，深得民心；你当丞相的这十多年间，民心都归向你。皇上之所以多次派人问你在干什么，全是因为怕你煽动关中百姓谋反。皇上既然如此想，担心你深得民心，你就该顺着他的意思去做，抛弃一点民心。你为什么不强买良田，大放高利贷，让自己失去点民心呢？"

聪明人不会固执己见，萧何采纳了家臣的建议，强买良田，大放高利贷。密探报告萧何的举动，刘邦听后非常高兴。

征讨英布回来，关中军民拦在半路。这些人伏道跪求，状告萧何，说他放高利贷，以极低的价钱强买好田好地好房子。刘邦见状告萧何的人密密麻麻地跪满一地，很是高兴。

待到萧何出城迎接，刘邦笑着说："萧相国又在干利民利国的事！"刘邦说的是反话，意指萧何也干损人肥己的勾当，他这"利国利民"是内心因妒而生的讽刺。如果萧何真干利国利民的大好事，刘邦反而会怒气冲天。

"你的事情，你自己处理去。"刘邦将关中百姓状告萧何的状纸全交给萧何。

刚进关中，刘邦与民约法三章，人人都说刘邦好；萧何当丞相才十多年，人人口中只有萧何，不知道刘邦。刘邦没杀害萧何的心，只是看不惯萧何将关中的民心全给抢了。昔日的荣宠和今天的落寞一比，叫人黯然神伤。刘邦没有大家风范，他肚里连根针都容不下，不免嫉妒萧何。

百姓如此拥戴萧何，全因萧何兢兢业业、为民谋利。萧何是位全心全意为百姓谋福利的丞相，但他的做法极为不获皇帝的欢心。

萧何对刘邦说："长安人多地少，上林苑有很多空地荒芜。希望皇上准许百姓去那里种地，百姓栽种作物，你的野兽也有东西吃。"

上林苑是皇帝打猎的地方，再慷慨的皇帝听了都不舒服，何况是小肚鸡肠的刘邦。萧何此举，无异于与虎谋皮，必受其害。

刘邦大怒，说："萧何乱放高利贷，强抢民田，现在还要抢我的上林苑。"

刘邦命令廷尉给萧何戴上枷锁，先行关押，等待问罪。逮捕丞相，皇帝下令，不经程序，这就是皇威。当了那么多年的皇帝，刘邦还是喜欢滥用权力。过了几天，一个姓王的卫尉对刘邦说，萧何没有大罪，关押萧何不应该。

"我听说李斯做秦朝丞相时，有好处归秦始皇，黑锅自己背。萧何收受商人钱财，还抢我的上林苑给百姓。他在百姓前做好人，我就是坏人。因此，关押他。"刘邦不以为然。

"只要有利于民就为民请命，那才是真正的丞相。皇上怎能因此而怀疑萧相国！皇上同项羽相争数年，陈豨和英布造反，皇上领兵亲征，萧相国留守关中，如果相国真有私心，在关中弄事，关中早就不是你的了。萧相国不趁此专权弄利，又怎么会收受商人的贿赂！再说，秦朝之所以失去天下，全是李斯蒙蔽皇上，李斯不值得效法。如此看来，皇上对萧相国的疑心未免过于浅薄。"

这卫尉说得入情入理，但刘邦心中就是不解气。这卫尉根本不知道，天下只有做错事的臣子，没有做错事的皇帝。

几天之后，刘邦的火气消了，理智再次占据上风。过了几天，使者持节将萧何给放了。萧何一生恭敬有礼，至死不改，受委屈也不变。萧何换套好衣服，恭恭敬敬地去向刘邦谢罪。"相国就不要如此了。相国替百姓请求我的上林苑，我竟然不许可，我不过是与夏桀和商纣一般无二的皇帝，而相国你却是贤相。我之所以拘押你，是想让天下百姓知道我的过错。"刘邦这话是强说理。

萧何虽然有智慧，但在主人面前就很呆笨，用不上智慧。萧何面见皇上时恭恭敬敬，大气都不敢出一口，他那一颗七窍玲珑心不知跑到哪里去了。刘邦如此说，萧何竟然相信，恭恭敬敬地为刘邦效力去了。臧衍对张胜说了几句话，致使卢绾造反不成，逃亡在外，最终客死异乡；刘邦对萧何说几句好话，萧何又兢兢业业地管理大汉。

惠帝二年（公元前193年）正月，这个春天有点怪。史书记载陇西（今甘肃临洮）发生地震。

古人觉得天地忽变，人间必定发生大事。果然，刘仲死了，接着萧何只剩一口气。或许刘仲不重要，但为汉朝立下汗马功劳的萧何一定重要。萧何要死了，惠帝刘盈去看望他。

刘盈对吕雉开始实行冷暴力，整日饮酒作乐，听说萧何病危，前往看望萧何。刘盈作为皇帝是有点懦弱，但他知道轻重缓急，他知道刘氏王朝全靠萧何的兢兢业业、鞠躬尽瘁。萧何这根大梁就要倒了，梁倒大厦危，谁是下一根大梁呢？

刘盈问萧何："你死后，谁可以替代？"

萧何讲："了解臣子的莫过皇上。"萧何的意思是说，你应该知道我的心意。刘盈问曹参是否可以。萧何一听，很高兴，说："皇上知道了，我死也瞑目！"

身为相国，萧何勤勤恳恳，任劳任怨，可以说是大汉朝廷的功臣，但他竟然住在一条又穷又僻的陋巷，房子也很破旧。萧何将一生都奉献给大汉，没留下什么给子孙，唯独留了一句话："如果后世子孙贤，他们应该像我一样勤俭；如果不贤，我遗留的积蓄也会被他人仗势夺走。"

老子当初也送孔子这几句话。

在历史上，刘邦的性格没有好评。萧何却不同，他的形象越来越光辉。萧何死后，后世的几位皇帝都害怕绝了这种功臣，对萧何的后代关照有加。

刘邦的遗言提到曹参,萧何的遗言也提到曹参,并且两人都说曹参可以接替萧何。将丞相这么重要的职位给曹参,这曹参究竟是个怎么样的人物?

曹参无为而治

狱掾一职,就是狱吏的副官。曹参是沛县人,曾在秦朝做过狱掾。曹参是萧何的副官,萧何和曹参是老相识。这两位老相识很有缘,曾经一起做秦朝官吏,秦亡后都跟随刘邦。他们工作性质相似,工作经验相仿,工作能力相差不大。俗语言,一山难容二虎,他们互相间的话越来越少,最后渐渐互生隔阂,非公事不来往。

由于是老相识,曹参和萧何互相间都多少有点了解,彼此相信对方的能力。萧何了解曹参,知道他能胜任丞相一职,因此举荐他。曹参也确实厉害,他刚听说萧何去世,马上命令家臣收拾行装,说他就要被任命为丞相了。

曹参跟随刘邦一起打天下,但位子总是次于萧何,无论什么好处,都是先有萧何,再有曹参。曹参或许在心里感叹:既生曹参,何生萧何?曹参跟随刘邦东征西讨,也曾被封为丞相,但位子一直在萧何之下。刘邦称帝后,曹参被封为刘肥的丞相。齐王刘肥当时有七十城,是天下最富庶的诸侯王,曹参做齐国的相国,也就相当于是天下第二丞相。

这七十城虽然富饶,但秦末大乱,屡遭战祸,民生凋敝,千疮百孔。曹参做齐国丞相后,遍访贤人,寻求治国之道。他听说有个谙熟黄老(黄帝和老子)精要的盖公,前往拜会。这盖公告诉曹参:治道贵清静而民自定。意思是说，你治理国家，不要管理太多，重在清静无为，只要朝廷不横加干预，百姓自能谋求生路。

听罢盖公讲述其中的原委，曹参离席拜谢，并按照盖公所言治理齐国，朝廷尽量减少管理，随百姓自由发展。齐国七十城马上复兴，人稠物聚，百姓生活殷实。吕雉欲诛刘肥，刘肥依前所言，仅献一个郡给鲁元公主就换回一条命，这齐国城池的繁荣就可想而知。曹参在齐国做七年丞相，齐国发展很好，人人都赞他是贤相。

都是贤相，但萧曹两人治理国家手段不同。曹参信奉黄老之术，主张"治道贵清静而民自定"，即无为而治；萧何相信儒家之术，追求兢兢业业，鞠躬尽瘁，全心全意为民谋福利，即"无所不为"。

萧何死后，调曹参回长安，担任丞相一职。

俗话说，新官上任三把火。然而，曹参一把都没烧，他只在萧何治国的基础上坐享其成。首先，曹参不换萧何的部下，用旧人办事；其次，一切制度章程都按萧何的实施，毫不更改；第三，他所挑选的人，全都憨厚老实，不会说官腔官话；最后，曹参日日夜夜、每时每刻都只知道喝酒。如果哪位官员的文章写得文笔灿烂，思想深奥，曹参马上辞退。

前任丞相兢兢业业，事无巨细，全部管理；现在这任懒懒散散，事无大小，一概不管。这差距可是天壤之别，使人大跌眼镜。曹参不管理，也不让部属管理。曹参做丞相，谁都别管事。曹参这么做，很多人都大感纳闷，不知道他葫芦里卖的什么药。

萧何做丞相，谁都要管事，士卿大夫们天生就是管事的，不管事一时还不习惯。朝臣见这位新丞相行事如此，前来善言相劝。官员们刚来，不等他们开口，曹参就让他们喝酒；喝几杯后，见官员们还想相劝，曹参又让他们喝酒。谁想开口说话，曹参就让谁喝酒，直喝到不能相劝。曹参只准他们喝酒，不让他们说话，最终前来的官员无不一一大醉而回。

来一个，曹参醉一个；来两个，曹参醉一双。如此一来二去，官员们知道自己开不了口，也就懒得说，开始习惯曹参的办事风格，最后学习曹参只喝酒不管事。

曹参领导下的朝臣，他们的办公生活是最轻松的，上班就只管喝酒；萧何领导下的朝臣，他们的办公生活最辛苦，上班只能做事。曹参住所的后面就是官舍，这官舍也是整天喝酒作乐。那些积极进取的官员就假装带曹参去参观后花园，实际是想让曹参看看他上任后官员们的堕落相。曹参刚到后花园，听见官舍中人闹哄哄地喝酒唱歌，马上跑回家去抱出几坛好酒，前去和官舍的人大喝大闹。

这真是让人难以相信。若不是司马迁和班固都这么说，谁会相信有这样的丞相，如此放纵朝臣。曹参天天喝酒作乐，不管事，别人有点小错小过，他就给隐瞒下去，官员们自然平安无事。

曹参的行为和萧何相比，那真是硬币的正反面。萧何勤勤恳恳，事无巨细，一概包办；而曹参懒懒散散，大事小事，一事不管。刘盈听说曹参整天只喝酒不管事，马上派曹参的儿子前往秘密打探。父子俩谈古论今，品评历代得失。渐渐进入深处，曹参才知道儿子原来是来打探口风的。曹参不管三七二十一，狠狠地鞭了儿子两百鞭，送他一句："你离管理国家的资格还远得很。"

外表糊涂，内心精细，曹参之谓也。刘盈听说此事后，心里过意不去，责备曹参，说："你干吗打他？是我让他问的。"刘盈仁厚，平日说话不重，如此责备，关切之情可想而知。

皇帝下问，曹参不能再闷起葫芦卖药了，葫芦里究竟是什么药，这底该揭了。曹参摘下帽子，态度很是恭敬，轻轻地问一句："皇上觉得你和高祖谁更厉害？"

"我怎么敢同高祖相比。"刘盈恭敬地回答。

"皇上觉得曹参和萧何谁更厉害？"

"恐怕萧何要厉害一小点点。"刘盈含糊地说。

曹参笑了，说："皇上现在不就说对了。高祖皇帝与萧何一起平定天下，将一切法令制度都给弄好了，皇上你只要垂起两只手，我只要遵行萧丞相的安排不变，一切不都会顺利运行吗？"刘盈突然开窍，觉得曹参说得不错，很是高兴。

自调曹参任职中央做丞相以来，一切安排都按照萧何所制定的，没做任何更改，历史上称王为"萧规曹随"。曹参按照萧何的路子，将国家治理得井井有条，首先是萧何勤勤恳恳的努力为他铺平了道路；其次是战乱刚息，人心思治，各谋发展；最后则是曹参信奉无为而治，力求"治道贵清静而民自定"的境界。然而，这三点又是统一的，彼此不可缺失。

惠帝五年（公元前190年），曹参死。